红色三晋

山西省爱国主义教育基地巡礼

主编 胡苏平

山西出版传媒集团
山西人民出版社

主　　编：胡苏平

副主编：杨　波　李福明

编　　委：李泽顺　吕芮宏

　　　　　李国藏　郭颖平

　　　　　方　保　刘杰英

再版前言

高度重视爱国主义教育，是我们党的优良传统。党的十八大以来，以习近平同志为总书记的党中央，反复强调加强爱国主义教育、弘扬社会主义核心价值观的重要意义。各类爱国主义教育基地，承载了中华民族悠久的历史文化，展现了近代中国人民英勇奋斗的壮丽篇章，反映了中国共产党人的丰功伟绩和社会主义现代化建设的丰硕成果，具有广泛的代表性和影响力，是激发人们爱国情感、弘扬民族精神的重要阵地，是陶冶道德情操、提升品德修养的重要场所，是了解祖国灿烂文明、掌握历史知识的重要课堂。

山西是具有光荣传统的革命老区。五四运动爆发后，马克思主义在山西广泛传播。1921年，太原社会主义青年团成立；1924年，中共太原支部成立；1931年，中国工农红军晋西游击队和中国工农红军第24军成立。特别是抗日战争时期，中国共产党依托太行山、吕梁山、五台山，创建了晋冀鲁豫、晋绥、晋察冀三大敌后抗日革命根据地。八路军三大主力和八路军总部机关长期驻扎山西，山西素有"八路军的故乡，子弟兵的摇篮"之称。在争取民族独立和解放的过程中，山西人民在中国共产党的领导下进行了艰苦卓绝的斗争，谱写了可歌可泣的壮丽诗篇。真实记录党的奋斗历程和光辉业绩的纪念馆、纪念地和革命遗址，遍布三晋大地。许多纪念地和毛泽东、朱德、邓小平等老一辈党和国家领导人以及中国革命重大历史事件相关联，这是山西省开展爱国主义教育、革命传统教育的基本依托和宝贵资源。

　　自1997年以来,山西省先后命名了三批四类共158个省级爱国主义教育基地,构建了以全国爱国主义教育示范基地为重点,以省级爱国主义教育基地为主体,以市县爱国主义教育基地和众多革命纪念地、革命遗址为补充的爱国主义教育基地基本框架体系。在各级党委、政府的关心和社会各界的支持下,教育基地在建设、管理和使用方面取得了显著成效。八路军太行纪念馆、刘胡兰纪念馆、平型关大捷纪念馆等16个场馆先后跨入全国爱国主义教育示范基地行列,19个省级以上爱国主义教育基地列入全国红色旅游经典景区名录。

　　为了充分发挥爱国主义教育基地在引导人们树立和坚持正确的历史观、民族观、国家观、文化观中的积极作用,有力推动山西红色文化建设,我们决定再版《红色三晋——山西省爱国主义教育基地巡礼》一书。本书主题鲜明,内容生动。它承载着山西波澜壮阔的革命史、艰苦卓绝的探索史和可歌可泣的英雄史,折射着革命先辈的崇高理想、坚定信念、爱国情怀和高尚品格,蕴含着厚重的山西文化。我们相信,本书的再版,对于挖掘山西红色资源,弘扬山西源远流长的法治文化、博大精深的廉政文化和光耀千秋的红色文化,必将起到积极的引领和推动作用。

2015年10月

CONTENTS 目录

太原地区

娄烦高君宇故居······3
太原孙中山纪念馆······7
彭真生平暨中共太原支部旧址纪念馆······11
山西国民师范旧址革命活动纪念馆······13
太原双塔革命烈士陵园······20
太原八路军驻晋办事处······23
太原解放纪念馆······24
山西人民革命烈士纪念碑······28
娄烦米峪镇战斗纪念地······29
太原黄坡烈士陵园······30
清徐县烈士陵园······32

大同朔州地区

灵丘平型关大捷景区······35
大同煤矿"万人坑"遗址纪念馆······42
大同市革命烈士陵园······45
灵丘平型关烈士陵园······46
广灵县玉福山烈士陵园······47
平鲁李林烈士陵园······48

朔州塞北革命烈士陵园……………………………………52
右玉烈士陵园………………………………………………52

阳泉晋中地区

阳泉百团大战纪念馆（碑）………………………………55
平定石评梅故居……………………………………………61
阳泉市革命烈士纪念馆……………………………………65
左权麻田八路军总部纪念馆………………………………66
左权烈士陵园………………………………………………72
左权太行新闻烈士纪念碑…………………………………76
左权西河头八路军129师司令部旧址……………………78
左权将军殉难处……………………………………………82
大寨展览馆…………………………………………………84
寿阳尹灵芝烈士纪念馆……………………………………87
和顺八路军石拐会议纪念园………………………………89
榆社县烈士陵园……………………………………………91

忻州地区

五台南茹村八路军总部旧址………………………………95
代县阳明堡机场战斗遗址…………………………………97
五台白求恩纪念馆…………………………………………102
定襄西河头地道战纪念馆…………………………………106
岢岚毛主席路居馆…………………………………………108
忻口战役遗址………………………………………………111
五台徐向前故居……………………………………………114
五台山毛主席路居馆………………………………………117

原平续范亭纪念堂 …………………………………120
五台县烈士陵园 ……………………………………123
五台晋察冀军区司令部旧址纪念馆 ………………124
五台徐继畬故居 ……………………………………126

长治晋城地区

武乡八路军太行纪念馆 ……………………………131
壶关常行村窑洞保卫战旧址 ………………………134
屯留上党战役老爷山遗址 …………………………138
平顺西沟展览馆 ……………………………………143
武乡八路军总部王家峪旧址 ………………………147
武乡八路军总部砖壁旧址 …………………………150
潞城八路军总部北村旧址 …………………………152
长治八路军总部故县旧址 …………………………154
长治太行太岳烈士陵园 ……………………………155
黎城黄崖洞革命纪念地 ……………………………157
沁源太岳军区司令部旧址 …………………………163
长子北高庙烈士陵园 ………………………………167
沁县山西牺盟会新军纪念馆 ………………………169
黎城抗日三周年纪念塔 ……………………………173
黎城冀南银行旧址 …………………………………174
沁源抗日阵亡将士纪念塔 …………………………176
阳城太岳烈士陵园 …………………………………177
晋城烈士陵园 ………………………………………179
阳城晋豫边抗日纪念馆 ……………………………180
沁水抗大太岳分校旧址 ……………………………182

沁水赵树理故居 ………………………………………… 185

吕梁地区

石楼红军东征纪念馆 ……………………………………… 191
兴县晋绥解放区烈士陵园 ………………………………… 198
文水刘胡兰纪念馆 ………………………………………… 200
柳林三交镇红色景区 ……………………………………… 205
柳林贺昌烈士陵园 ………………………………………… 209
兴县"四八"烈士纪念馆 ………………………………… 211
兴县晋绥边区革命纪念馆 ………………………………… 215
交口红军东征总指挥部旧址 ……………………………… 221
临县中共中央后委机关旧址 ……………………………… 224

临汾运城地区

临汾战役纪念馆 …………………………………………… 231
侯马彭真故居 ……………………………………………… 235
红军东征永和纪念馆 ……………………………………… 239
隰县晋西革命纪念馆 ……………………………………… 244
洪洞马牧八路军总部旧址 ………………………………… 246
翼城县烈士陵园 …………………………………………… 249
闻喜县陈家庄中共太岳三地委机关旧址 ………………… 249
夏县中共河东特委革命活动旧址 ………………………… 251
运城烈士陵园 ……………………………………………… 254

附　录 ……………………………………………………… 258

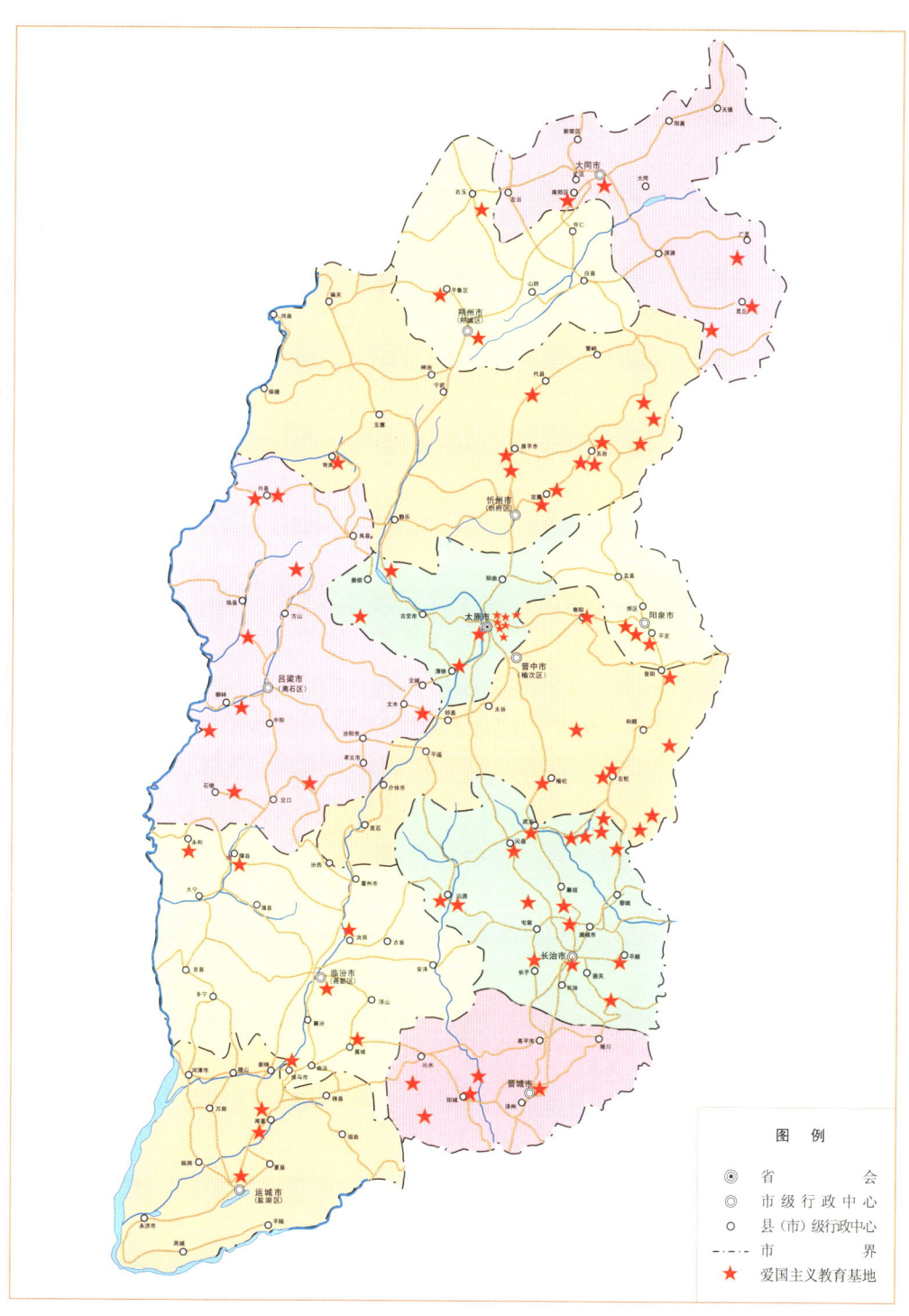

山西省爱国主义教育基地分布示意图

太原地区

爱国主义教育基地

01.娄烦高君宇故居

场馆概况

高君宇故居大门

高君宇故居，位于太原市娄烦县峰岭底村。依山而建，坐北朝南，以房窑为主，皆为青砖灰瓦，清末同治年间开始修建，被当地人称为"高家大院"。整个大院分为东上院、东下院、中院、南院、西院和花园共6座院落，占地面积约4500平方米，建筑面积约1200平方米。纪念馆主要为原"高家大院"的中院，占地面积约1300平方米，建筑面积约500平方米。上院窑洞从西往东分别为高君宇大哥高俊德居室、高君宇父母居室、高君宇读书室、高君宇三弟高全德居室，窑内陈列有高家当年的家具、灶具、用品等文物。下院窑内陈列有彭真、薄一波、许德珩等同志的题词和高君宇生平事迹照片和文物。下院的中央塑有高君宇铜像。高君宇故居是全国爱国主义教育示范基地和全国红色旅游经典景区。

高君宇故居全景

🌟 红色人物

高君宇（1896—1925），原名尚德，山西静乐（今属娄烦）人，我党早期领导人之一，著名革命活动家。1916年考入北京大学英语系，是李大钊的学生和得力助手，与李大钊等共同发起成立了北京共产主义小组，是中国共产党成立时全国50多名党员之一，党的第二、三、四次全国代表大会代表，第二届中央执行委员。1924年回山西参加建党工作，组建了中共太原支部。他曾经是孙中山的政治秘书，致力于国共合作，反对军阀政府。1925年3月5日因病在北京病逝，时年29岁。遗体葬于北京陶然亭公园。"我是宝剑，我是火花，我愿生如闪电之耀亮，我愿死如彗星之迅忽。"这是高君宇写在自己照片上的一首言志诗，也是他短暂而光辉一生的真实写照。

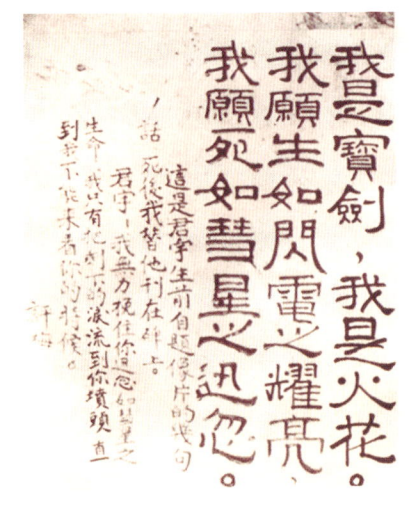

高君宇手书的言志诗

➡ 红色链接

黄土地走出的山西第一个中国共产党党员

1919年，高君宇以北京大学学生会负责人的身份参加并领导了五四爱国运动，带头冲向赵家楼，火烧卖国贼曹汝霖住宅。在五四运动的影响下，北京社会主义青年团成立，他当选为首任书记。高君宇是在中国早期播撒马克思主义火种的人之一，中共早期的理论家。以后又出席过共产国际远东各国共产党与民族革命团体第一次代表大会，受到了列宁的接见。领导过京汉铁路"二七"大罢工，协助孙中山先生改组国民党，并任国民党北京市特别党部主任，为促成第一次国共合作做出了重要的贡献。1924年3月，高君宇参加领导广州沙面工人大罢工，同年10月，在同周恩来协助孙中山平息"商团"叛乱中负伤住院。1925年1月，高君宇在上海参加中共四大返回北京途中，受周恩来委托特地到天津看望邓颖超并带去周恩来的信，成了周恩来与邓颖超结合的"红娘"。

高君宇故居下院

🔥 红色故事

高石之恋

在北京陶然亭公园的松林里矗立着两座紧紧靠在一起的白色大理石墓碑，这就是高君宇和石评梅安息的地方。石评梅于1902年出生在山西平定县的一个书香门第，1919年考入北京女子高等师范学校。不久就在北京文学界获得"京城才女"的美誉。他们二人于会馆相识，经过几年的交往，彼此产生了真挚纯洁的感情。君宇曾在红叶上题诗表白自己对评梅的爱情，但是被评梅委婉地拒绝。直到君宇病危，评梅才以心相许。高君宇的突然去世给石评梅极大的打击，她觉得自己太脆弱，太不果断，没有及早

地和高君宇结合。在高君宇的墓碑上，石评梅写道："君宇，我无力挽住你迅忽彗星之生命，我只有把剩下的泪流到你坟头，直到我不能来看你的时候。"

位于北京陶然亭公园的高君宇烈士墓和高君宇、石评梅的雕像

因悲伤过度，她26岁时被病魔夺去了年轻的生命。人们将她安葬在她一往情深地爱着的人坟旁。从此这两个几乎一模一样的墓碑，便紧靠着矗立在这松荫覆盖的锦秋墩下。1956年，周恩来总理强调要保存好"高石之墓"，他说："革命与恋爱没有矛盾，留着它对青年人也有教育。"陶然亭的"高石之墓"记载着一个凄艳动人的爱情悲剧，记载着两个年轻人为理想而奋斗的艰难历程。

周边美景

汾河水库 是1960年竣工的一处人造湖泊景观，位于娄烦县下静游村至下石家庄之间，南北长15公里，东西宽5公里，总容量为7亿立方米，相当于十三陵水库容量的13倍。汾河水库旅游区主要由水面风光、大坝景观、石峡温泉三部分及周围各村的文物古迹旅游景观组成。

春秋旅游季节，人坐船上，船在水上，水中有天，水天合一，顿使人心旷神怡；夏季这里又是极好的避暑胜地；冬季到来则水库结冰，顿成一面奇特的明镜，光可鉴人。

02.太原孙中山纪念馆

场馆概况

孙中山纪念馆

孙中山纪念馆位于太原文瀛湖畔。该建筑始建于清光绪年间，晚清和民国期间是专门用于陈列山西土特产和手工业品的场所，故名"劝工陈列所"。

1912年因孙中山先生在此发表振兴实业的演讲，遂更名为"劝业楼"。1986年改为孙中山纪念馆。纪念馆为一幢坐北向南、红柱青瓦的二层小楼房，为硬山式双层砖木结构，六根红柱支撑，构成上下回廊。馆内有"天下为公"匾额、"孙中山先生凭栏演讲处"标志牌、孙中山半身铜像、孙中山生平和辛亥革命山西历史活动图片和实物等。该馆是山西省唯一反映孙中山和山西辛亥革命历史事件的场所，为山西省爱国主义教育基地。

红色人物

孙中山（1866.11.12—1925.3.12），名文，字载之，号日新，后改逸仙，广东香山(今中山市)翠亨村人。孙中山生活在中华民族饱受内忧外患的时代，从青年时代起他即有志于改造中国。他抨击时政，探求改革社会的途径。他组织革命团体兴中会，创建中国同盟会，制定"驱除鞑虏，恢复中华，创立民国，平均地权"的政治纲领，孙中山提出三民主义的学说，发动反清武装起义。孙中山领导的辛亥革命，推翻了帝制，建立了中华民国。晚年，孙中山接受中国共产党和国际无产阶级的帮助，提出"联俄、联共、扶助农工"的三大政策，把旧三民主义发展为新三民主义，推动了中国革命的发展。孙中山是站在时代前列的时代伟人，是杰出的爱国主义者和民族英雄、中国民主革命的伟大先行者。孙中山一生热爱祖国，始终致力于振兴中华，在同帝国主义和封建军阀的斗争中，经历风险和挫折，愈挫愈奋，百折不挠，勇往直前。孙中山为追求民族独立、民主自由和民生幸福贡献了毕生精力，他提倡天下为公、博爱、三民主义等一系列的主张和理念，对我国近现代历史产生了巨大的影响。

中国民主革命先行者孙中山

孙中山墨迹"博爱"

孙中山题词"天下为公"

🢂 红色链接

孙中山来太原

1912年4月，孙中山辞去临时大总统后，仍悉心致力于发展和振兴实业，满腔热忱地为祖国兴旺发达辛勤奔波。9月应山西都督阎锡山之邀，孙中山从北京来到太原。在太原期间，他会见山西各界人士，发表精彩演讲，传播民主思想，鼓励发展实业，振兴民族经济。9月20日下午4时，为了满足社会各界一睹革命领袖风采的愿望，山西军警界、实业界、各党派、基督教自立会、各高等学校、模范中学、公立工艺厂、农务总会等各界人士万余人，在劝工陈列所召开盛大欢迎会。孙中山登楼凭栏演说，鼓励民众"吾同胞各享国家权利，要各负国民责任，各尽国民义务"，万众沸腾，欢声雷动，场面颇为壮观，给人留下深刻印象。他在演讲中一再勉励国民要注重实业，开发矿产，仿效西法，利用外资。孙中山先生的主张，开阔了山西各界人士的视野，在当时影响很大。

1912年9月，孙中山来太原留影

🢂 红色语录

革命尚未成功，同志仍须努力。

吾志所向，一往无前；愈挫愈奋，再接再厉。

要立志做大事，不要做大官。

红色经典

反映孙中山及其所领导的辛亥革命的主要影视作品有：文献纪录片《孙中山》，由中央电视台、中国国际电视总公司、北京大学联合摄制。这部文献纪录片中有很多关于孙中山的珍贵档案资料，其中许多历史照片和影像资料是首次露面。这部文献片全面记录了孙中山本人以及他的一些重要追随者，是一部极具历史感的人物传记片。另外，还有纪录片《世纪伟人孙中山》，彩色故事片《孙中山》《非常大总统》，电视连续剧《孙中山》（20集）、《辛亥革命》（29集）等。

当地美景

文瀛公园 位于太原市商业闹市区，占地面积11.9万平方米，湖水面积4万平方米，俗称海子边公园。太原的海子边，早先是由东南半城的雨水汇集而成的两片积水，清朝时因紧临山西科举考试的贡院，有人给这片海子起了个文雅的名字——文瀛湖。南北湖之间有石板小桥一座，传说唐代狄仁杰经此桥赴考而中状元，故名"状元桥"。

03.彭真生平暨中共太原支部旧址纪念馆

彭真生平暨中共太原支部旧址纪念馆

场馆概况

彭真生平暨中共太原支部旧址纪念馆位于太原市儿童公园内文瀛湖畔。原为山西省立第一中学校，现在保留的原有建筑有三排主教室、青年学会旧址、教务处等。纪念馆建于2002年，陈列有关中共太原支部和高君宇、贺昌、彭真革命事迹的实物、图片等。该馆是山西省爱国主义教育基地。

红色链接

山西第一个党组织的诞生

1919年5月4日，在北京爆发的五四反帝爱国运动，犹如响彻云霄的一声春雷，打破了辛亥革命以来的沉闷局面，马克思主义得到广泛传播，也传到了三晋大地。山西第一个传播新思想、新文化，抨击封建统治的进步期刊《山西平民周刊》于同年8月在山西

中共山西地方组织诞生地——山西省立第一中学，是大革命时期山西党组织和太原团地委机关所在地。高君宇、王振翼、贺昌、李毓棠、张叔平、傅懋恭、纪廷梓、张友清、王鸿钧、王瀛、汪铭、周玉麟、邓国栋曾就读于此。

北大学生、北京五四爱国运动的参加者和领导者之一、山西党组织的创立者高君宇。

中国社会主义青年团太原地方执行委员会第一任书记、山西省立一中学生贺昌。

省立一中创刊。1921年5月1日，在山西共产主义运动先驱高君宇的指导下，太原社会主义青年团正式成立，成员有王振翼、贺昌、李毓棠、贺凯、梁震、武灵初、姚鋈、张法古（张稼夫）等。在大力宣传马克思主义的同时，注重开展学生运动和工人运动，从而促进了工人阶级政治觉悟和组织程度的提高。1924年5月，中共北京区委执行委员高君宇根据区委的指示回到山西，创建中共山西地方组织，筹划山西的国共合作。同年夏，中共太原支部在省立一中成立，并实行党团分工，把团组织置于党的领导之下，支部负责人先后为李毓棠、张叔平、傅懋恭（彭真）等人。

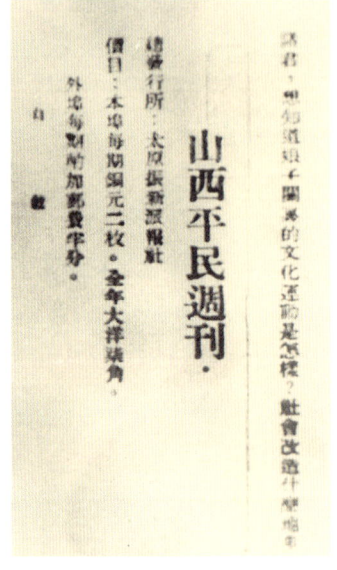

王振翼等在高君宇指导下创办的《山西平民周刊》。该刊以"为人民奋斗"为宗旨，"以山西实况报告世人，代人民呼号"，"将世界思潮输入娘子关内，供晋民以奋斗有效之途径"。1922年，该刊被阎锡山当局查封。

中共山西地方组织成立后，领导了反对阎锡山强征房税的斗争和声援五卅反帝爱国运动。经过这些斗争的锻炼，省立一中的王瀛、王鸿钧、邓国栋、汪铭、周玉麟等一批优秀青年相继由团员转为党员。

1925年12月中共太原地方执行委员会成立，书记崔锄人，委员王鸿钧、周玉麟，候补委员王瀛、刘守维。到1927年3月，太原的共产党员发展到400余名，建立了20多个党支部，不仅在学校及工厂建立了党组织，而且在山西驻军中发展了党员，建立了党支部。为便于管理众多的基层支部，太原地委还以东、西羊市大街为界，设立了南、北两个部委。

在革命斗争的实践中，山西党组织得到了锻炼和发展，1927年5月19日，成立中共山西省委。此时，全省已建立了中共太原、榆次、汾阳、晋城和临汾5个地委，在30多个县建立了党的组织，党员人数达到1500余人。

1925年5月18日，在共产党员傅懋恭（彭真）、纪廷梓的领导下，太原数千名学生在中山公园集会，进行反房税斗争。右图为实景油画。

04.山西国民师范旧址革命活动纪念馆

场馆概况

山西国民师范旧址革命活动纪念馆，简称国师纪念馆，是太原市唯一保存下来的较为完整的一处革命旧址，位于太原市五一北路245号。1991年9月18日开馆，2000年增挂"太原革命历史陈列馆"牌匾。主要建筑有西洋式大门、办公楼、录事室、图书馆、展厅。纪念馆占地面积约6600平方米（不足原规模的

山西国民师范旧址大门

1/20），建筑面积3500平方米，共有大小展厅14个。馆内设有牺盟会陈列、山西新军陈列、国师学生用具陈列、山西革命传统教育陈列、中共太原地区革命斗争史陈列、彭真同志题词"山西建团纪念碑"等。馆藏文物1900余件，资料15 000份，其中国民师范印制的10余种教科书、牺牲救国同盟会会员证、国民师范学校学生同学录等为该馆的重要收藏。该馆是全国爱国主义教育示范基地，列入全国红色旅游经典景区名录。

红色链接

从文化学校到革命熔炉

山西省立国民师范学校，是阎锡山于1919年创办的师范学校。校园占地面积20公顷，校舍890余间，每年招生1200余人，开设国语、数学、历史、军事训练、实习工厂等科目。1924年，国民师范秘密建立了社会主义青年团支部。1925年，山西党组织建立了国师党支部，发展了一批党员、团员。1928年至1936年夏，国民师范以"九一八读书会""山西互济会""红军之友社"等党团外围组织开展革命活动，播撒革命火种。阎锡山发现国师像一团扑不灭的火，于1936年停办了该校。

山西国民师范旧址革命活动纪念馆全景效果图

太原地区

　　从1936年冬至1937年秋，由山西牺牲救国同盟会主办的军政训练班、民训干部教练团、牺盟会特派员训练班，以及由第二战区民族革命战争战地总动员委员会主办的游击干部训练班等均设于此。学员来自全国20多个省及海外华侨中的进步知识青年，周恩来、刘少奇、彭雪枫、周小舟等领导在这里为学员讲课，国师为此从文化学校变成了革命的大熔炉，为我党培养了大批军政干部。为发展壮大抗日民族力量，我党又在这里建立了以军政训练班学员为骨干的山西第一支抗日武装——山西青年抗敌决死队，为创建山西新军奠定了基础，对抗日全面胜利起到了重要作用。

▶ 红色组织

牺盟会与山西新军

　　1935年，日本侵略者发动华北事变，民族危亡迫在眉睫。在这种形势下，中国共产党在瓦窑堡会议上确定了建立抗日民族统一战线的新策略。在华北，把阎锡山作为联合抗日的主要争取对象之一，并通过各种渠道、多种办法对其开展统战工作。

　　1936年10月，中共北方局派薄一波、杨献珍、董天知、韩钧、周仲英等组成山西公开工作委员会赴晋，与阎锡山建立了特殊形式的统一战线。11月，薄一波等接手牺牲救国同盟会的领导工作。从此，牺盟会成为中国共产党领导下的抗日团体。图为1937年6月4日，牺盟总会工作人员在太原晋祠聚会时的合影。

1937年5月1日,牺盟会在太原中山公园文瀛湖畔举行盛大的庆祝五一国际劳动节群众大会。

随着日本侵略者对华北的步步进逼,蒋介石的排斥异己,全国抗日救亡运动的不断高涨,经过权衡利弊,阎锡山最终不得不接受共产党"停止内战,一致抗日"的主张,并邀请大革命时期即很著名的山西籍共产党员薄一波以抗日救亡活动家的身份,回山西"共策保晋大业",希望能借助共产党的进步措施,为自己扩充实力,以"自存自固",渡过难关。对此,中共中央北方局书记刘少奇立即指示由党刚刚营救出狱的薄一波和杨献珍、董天知、韩钧、周仲英,以及廖鲁言、牛荫冠、刘有光、谷景生等人,组成中共山西公开工作委员会,薄一波任书记,专做争取阎锡山及其上层军政人员的统一战线工作。

中共山西公开工委做的第一件大事就是接办和改组山西牺牲救国同盟会。经阎锡山同意,中共山西公开工委成立了新的牺盟会领导机构,新领导成员7名常委中有6人为中共秘密党员；各委员会及各中心区的负责人、各县牺盟会特派员的绝大多数也是中共秘密党员。改组后的牺盟会，虽然会长仍为阎锡山，但实际主持工作的是薄一波。这样，以山西官办团体身份登上抗日舞台的牺盟会，成为共产党实际领导的、与阎锡山合作的抗日救亡组织。

改组后的牺盟会广泛深入地开展了发动民众的工作，会员迅速发展壮大，很快达到300万人左右，为党在山西开展抗日斗争奠定了雄厚的群众基础。

1940年，牺盟会停止工作，完成了它的历史使命。

中共山西公开工委做的第二件大事是创建了一支完全有别于阎锡山旧军队的山西新军。1937年8月1日，由国民兵军官教导团、军政训练班、民训干部团中的300名骨干学员组建的"山西青年抗敌决死队第一总队"，即新军正式宣告成立，

在中国共产党领导下的山西新军是一支坚决抗日的武装部队。抗战八年中，山西新军胜利地进行了数千次战斗，1937年秋至1938年春，主要是阻击日军进攻；1938年4月至1939年，主要是反围攻和破袭敌占交通线，1940年有22个团参加了百团大战，以后主要是反"扫荡"。1942年至1944年在太岳抗日根据地的决死一纵队、洪赵支队同沁源人民一道进行了长达两年半时间的围困沁源的战斗。经过长期战争的锻炼，山西新军的一些团队后来发展成为中国人民解放军的一部分主力部队。图为1937年9月23日，新组建的青年抗敌决死队自太原迎敌北上，部队渡过滹沱河，开赴五台前线。

薄一波任政委。随后一个月时间里，决死队很快发展为4个总队（团）。到1938年初，决死队由4个总队扩充为4个纵队（旅），各纵队政治委员分别由共产党员薄一波、张文昂、戎子和、雷任民担任。以后，中国共产党领导的战动总会也创建了抗日武装，与决死队统称为"山西新军"。

新军虽名义上属于国民党第二战区编制，一些旅团中的军事长官也是旧军官，但领导权却在共产党的实际掌握中，新军成为在华北战场上和八路军并肩战斗的一支抗日武装。

由于全国性抗战开始后，党在山西开展了大量工作，从而为八路军总部和三个主力师得以顺利进入山西，很快配置和展开于山西各战略要地，开辟敌后抗日根据地创造了有利条件。至1937年底，山西全省7个行政区中有5个完全由共产党掌握；全省105个县中有70个县的县长由实际身份为共产党员的牺盟会员或新军干部担任。新军在这一时期也得到迅猛发展，至1939年夏，已有4个决死纵队、1个工卫旅、1个暂编师、3个政治保卫旅，共辖50个团，约7万人，实际兵力和武器装备都超过了阎锡山的旧晋绥军，加上地方武装，达到近10万人。

"十二月事变"后，新军各部队经过政治大整军，分别加入八路军第129师、120师和115师战斗序列。为了有利于继续把阎锡山团结在抗日民族统一战线的营垒之中，新军的番号仍然保留，直至抗日战争胜利。

抗日战争时期，以薄一波、程子华等人为代表的共产党人通过牺盟会和山西新军的组织形式，与阎锡山成功地建立了特殊形式的上层统一战线，为中国共产党坚持华北抗战做出了独特的贡献，当年即受到毛泽东、刘少奇等中央领导同志的肯定和赞扬。1943年11月，毛泽东在延安听取薄一波的工作汇报后说："你们以少数人团结了多数人，取得了胜利，这是我们党统一战线政策的一个成功的例证。"

🚩 红色经典

《牺盟大合唱》

《牺盟大合唱》是人民音乐家冼星海创作的为数不多的合唱作品之一。当年，冼星海在延安听了牺盟会的许多感人事迹后，十分激动，很快就创作了《黄河大合唱》的姊妹篇《牺盟大合唱》，此歌曾在抗日根据地、敌后游击区广为传唱。薄一波同志于2005年8月15日为《牺盟大合唱》题词"牺盟战歌"。这部作品中部分歌曲已拍摄成《牺盟战歌》MTV，并荣获山西省第十四届音乐电视作品一等奖。

冼星海1939年创作的《牺盟大合唱》

🌳 周边美景

纯阳宫 位于太原市区五一广场西北隅，俗称吕祖庙，是太原境内唯一一处完整的道教建筑群。宫中五进院落，楼台亭阁桥、殿堂廊洞窟，搭配精巧，错落有致，一步一景，灵空清秀，是休闲的好去处。

05.太原双塔革命烈士陵园

场馆概况

太原双塔革命烈士陵园，位于太原市迎泽区双塔南巷甲字8号，始建于1954年，因毗邻"双塔"而得名。陵园占地面积374亩，坐东朝西，分纪念厅、墓园、广场三大部分。纪念厅前广场上矗立着中共早期著名的政治活动家、理论家，中共北方党团组织的主要负责人和山西党团组织的创始人高君宇的塑像。

纪念厅正厅为骨灰室，北厅是"高君宇烈士纪念展览室"，南厅是"革命烈士事迹陈列室"。陵园墓区占地面积1.3万平方米，安葬着刘天章、阴凯卿、任国桢、张友清、王瀛、续范亭、程谷良7位烈士，以及在解放太原战役中英勇献身的430名烈士，这里青松翠柏环绕，肃穆庄严。

红色链接

太原战役中人民解放军猛攻双塔寺敌据点

攻克双塔寺

1949年4月19日23时，解放军开始在太原全线发动城垣外围歼敌战。十九兵团司令员杨得志把攻克双塔寺的任务交给了63军。22日6时，我军开炮轰击，眨眼就压制了敌人的观察所，并摧毁大部分碉堡和前沿阵地。我军4个主攻团同时发起冲锋，从4个方向突然插向双塔寺。由刚刚擒获的俘虏引路，顺着一条暗沟直接突进，像火山喷发一样突然从寺庙旁涌了出来。敌人猝不及防，200余人乖乖投降。然后越过第一道外壕、第二道外壕，经过一个多小时的猛攻，便逼近了敌人的指挥部，据守双塔寺的中将军长刘效增被活捉。从开战到结束，仅仅用了一个半小时，敌人吹嘘为"要塞"的双塔寺，就这样被我军彻底攻克了。

⭐ 红色人物

刘天章

刘天章（1893—1931），陕西省高陵县高刘村人。1918年夏考入北京大学，1919年作为北大学生会负责人之一参加了五四运动。1920年春，参加李大钊组织的北京大学马克思学说研究会，同年冬加入社会主义青年团。1921年7月，经李大钊介绍加入中国共产党。1924年6月，刘天章从北大毕业，协助李大钊在北京做党的工作。同年秋，在李大钊支持下，刘天章弃文从戎，到当时倾向革命的国民军第2军胡景翼部所在地河南开封创办学生军，并在学兵队里建立了党团组织，任书记。1925年秋，刘天章任中共豫陕区委委员兼军委委员，与书记王若飞一起创建了开封地区的党团组织。

1927年2月，刘天章受党派遣，赴陕西任中共陕甘区委候补委员，负责宣传工作，并兼任陕西国民日报社社长。"四一二"反革命政变后，他利用《国民日报》揭露和批判蒋介石的背信弃义。同年7月8日，被国民党反动当局扣押。1929年夏，在军阀混战的形势下获释出狱。出狱不久，刘天章被派往中共顺直省委宣传部工作，任省委委员，公开身份是《天津商报》总编辑。

1930年10月，刘天章受中共北方局派遣前往山西，参与领导恢复和重建遭到破坏的山西党组织。先后担任中共太原特委书记、山西省委书记、山西特委组织部长等职。1931年3月，在离石县九里湾领导成立了中国工农红军晋西游击队。同年7月4日，刘天章参与组织驻平定县的国民党高桂滋部2000余人的武装起义，成立了工农红军第24军。

1931年10月21日，刘天章等因叛徒出卖被捕。在狱中刘天章始终坚贞不屈，经受住了残酷折磨和摧残，保守了党的机密，坚守了共产党员的革命气节。11月13日，刘天章在太原英勇就义，时年38岁。

当地美景

双塔寺 又名永祚寺，太原古八景之一，也是太原城的标志。创建于明万历二十七年（1599年），已有400多年历史，双塔南北对峙，相距47米，塔高53米，砖砌仿木构筑，呈楼阁式梭形。寺内建筑现存大殿、东西配殿

双塔寺远景

等。寺院内栽有数十株极为珍贵的明代丁香和牡丹，每年5月中旬当牡丹花开之际，赏花游人络绎不绝。

山西博物院 2005年建成开放，是山西最大的文物收藏、保护、研究和展示中心。目前院内收藏珍贵文物约20万件。所陈展品从远古凿石取火的"文明摇篮"，到"明清晋商"时期的拓疆创业，绵延几千年，展示着山西历史上曾经的灿烂和辉煌。

06.太原八路军驻晋办事处

办事处简介

八路军驻晋办事处先后在太原市新南门大街基督教青年联谊会、新满城西街30号、成成中学内办公。上图为新南门大街基督教青年联谊会旧址。

1936年10月，国民党太原绥靖公署主任阎锡山同意中共派全权代表驻太原与其秘密联系。彭雪枫（化名彭雨峰）以中共中央代表身份到太原设联络站，后改称八路军驻晋办事处。中共山西省委机关也在此办公。办事处主要任务是宣传中共的抗日主张，开展统一战线工作，推动群众性的抗日救亡运动，联络友军，采购与转运军需物资，接待中共过往人员，输送爱国人士参加八路军和新四军，掩护中共地方组织的活动，营救被捕的共产党人和进步人士等。由于忻口战役失利，1937年11月5日，办事处撤出太原，向临汾转移。

红色人物

彭雪枫（1907—1944），原名彭修道，河南镇平人。1925年6月加入中国共产主义青年团。1926年9月转入中国共产党。在天津、上海等地从事党的地下工作，1930年调到红军部队，历任红三军团师政治委员、江西军区政委、中央军委第一局局长等职。抗日战争爆发后，先后担任八路军总部参谋处处长兼驻晋办事处主任、新四军豫东游击支队司令员兼政委、豫皖苏边区党委书记、新四军第四师师长。1944年9月11日，在河南省夏邑县八里庄与日伪军作战胜利后，不幸被流弹击中，英勇殉国，年仅37岁。

彭雪枫智勇双全，善于创造奇迹。在乐安，他月下追"叛军"，单枪匹马地带回被师长裹胁叛逃的部队，毛泽东亲自给"虎胆英雄"授勋；他曾请缨豫皖苏，与373名壮士出征，6个月发展壮大到近2万人。捷报送至中央时，首长们谁也不信，以为他多写了两个零。先是批评，后是赞叹，全军为之惊叹不已。

彭雪枫将军

07.太原解放纪念馆

场馆概况

太原解放纪念馆位于太原市东山牛驼寨，其前身是牛驼寨烈士陵园，建于1959年，1988年改扩建，占地面积9.3万余平方米，分为纪念碑区、展览区、陵墓区三部分。整体建筑雄伟壮观、跌宕起伏、错落有致，给人以肃穆之感。纪念

纪念馆大门

碑区由凯旋门、太原解放纪念碑主碑、副碑等建筑组成，徐向前元帅手书"太原解放纪念碑"鎏金大字装点丰碑。展览馆占地面积1200平方

米，展出428张历史照片和120多件实物，反映了太原战役的全过程。1994年9月6日，徐向前元帅铜像落成。该馆是全国爱国主义教育示范基地和全国红色旅游经典景区。

主碑与副碑

太原革命烈士纪念碑造型独特，形似巨大钥匙的碑上镌刻"太原解放纪念碑"鎏金大字，碑高49.424米，寓意太原解放的日子，与暗红色的钥匙碑一起象征太原获得解放从此通往幸福之门。题词下悬挂着直径为8米的不锈钢透雕，满面春风的山西妇女肩托少儿，伸张手臂，表达出三晋人民获得新生的无限喜悦和对未来的美好憧憬。

展览馆

主碑西南侧是一座副碑，形似被炸开的碉堡。碑直径24米，四壁镶嵌着大型浮雕，生动地反映了太原人民解放前的苦难生活和反抗压迫、争取解放的斗争精神。

在陵园大门西侧有白色凯旋门，形似钢钳，钢钳下合围着一个大理石制成的乌龟壳，寓意"瓮中捉鳖"。

➡ 红色链接

解放太原

1948年7月下旬，华北军区第一副司令员兼第一兵团司令员徐向前指挥第一兵团、炮兵第1旅、西北野战军第7纵队、晋中军区3个独立旅等部共18个旅11.5万余人，乘晋中战役胜利之势进逼太原，准备于10月中旬发起太原战役。按照中央军委缓攻太原的统一部署，包围太原的部队从12月开始起逐步攻克太原城周围的据点，将太原守军压缩在纵横不过15公里的狭小区域内。平津战役结束后，第十九、二十兵团、第四野战军和华北军区各一个炮兵师开赴太原前线，会同第十八兵团等部总攻太原，太原前线人民解放军兵力增至32万余人。中央军委决定组成以徐向前为司令员兼政治委员和书记的太原前线司令部和党的总前委，以统一指挥进攻太原的各部队。后来徐向前因病休息，彭德怀亲临太原前线指挥。1949年4月24日凌晨，攻城部队发起总攻，此次战役共歼敌13万余人，结束了阎锡山在山西近38年的统治。

参加小店战斗的华北军区第一兵团部队缴获的阎军部分山炮。

1949年3月，人民解放军副总司令彭德怀（左三）到太原前线视察。

人民解放军登上太原城头

人民解放军攻占太原绥靖公署

国民党太原绥靖公署副主任孙楚、太原守备司令王靖国等人被人民解放军生俘。

太原解放后，解放军举行隆重入城仪式，受到省城各界群众的热烈欢迎。

🌳 周边美景

晋祠 位于太原市区西南25公里的晋祠，原是奉祀西周初晋国开国侯唐叔虞的祠堂，早在1500年前的北魏时就已成名胜，这里依山傍水、古树参天；亭台池沼，星罗棋布；楼阁殿堂，雄伟壮观；气候宜人，风光秀美。祠内有三绝：难老泉、周柏、宋塑；还有三大国宝：唐碑、圣母殿、鱼沼飞梁。

天龙山石窟 位于太原市区西南39公里的天龙山，创建于东魏年间，北齐、隋、唐均有开凿新建，共开凿石窟25个，跨四朝历400多年，现存大小石佛造像500多尊，浮雕、藻井、画像1144尊（帖），石窟雕像工艺精湛、形象逼真，反映了南北朝至隋唐时期石窟艺术的不同风格特点。

08.山西人民革命烈士纪念碑

纪念碑简介

山西人民革命烈士纪念碑位于文瀛湖北岸的孙中山纪念馆前，1951年3月7日落成，是新中国成立后太原最早修建的纪念为中国革命而牺牲的先烈的纪念性建筑，也是山西省第一个大型室外雕塑。纪念碑高4.03米，由碑身、碑座和碑顶群像组成。碑正面国徽下镌刻着毛泽东题词"死难烈士万岁"六个金字，东侧是徐向前"浩壮高恒吕，泽惠过汾漳"的题词，西侧是薄一波"为中国人民解放事业而牺牲的烈士永垂不朽"的亲笔题词。1995年此碑被山西省委、省政府命名为省级爱国主义教育基地。

09.娄烦米峪镇战斗纪念地

纪念地简介

米峪镇战斗纪念地，位于娄烦县米峪镇乡国练村。由纪念碑、烈士陵墓和战斗遗址三部分组成。纪念碑占地约300平方米，由三层石头水泥混凝土的碑基碑座和青石碑身组成。碑身的正面镌刻着杨秀山将军题写的碑名和"抗日殉国烈士永垂不朽"的题词，纪念碑碑亭呈四柱四角金黄色琉璃瓦顶仿古式结构，做工精巧，彩画优美，给人以庄严肃穆之感。烈士陵墓占地约20亩，陵墓周围松柏树郁郁葱葱，万古长青。遗址

纪念碑及雕像

由8孔砖石窑洞及砖木结构的大门组成，遗址上弹坑、焦痕至今清晰可见。米峪镇战斗纪念地已被确定为山西省爱国主义教育基地，并被娄烦县人民政府公布为县级重点文物保护单位。

红色链接

1940年，侵华日军制定了摧毁晋西北根据地，打通进攻陕北延安的通道，企图消灭我党中央及其领导的抗日军民的罪恶计划，他们从各地调集兵力向我根据地发动了夏季"扫荡"。6月中旬，日军第9混成旅团村

纪念碑亭

上大队700余人从静乐城出发，一路烧杀抢掠，一直洗劫到米峪镇一带。八路军第120师贺龙师长得知这一情况后，命令358旅从临县、岚县急行军赶来，于17日凌晨将敌人包围于娄烦县米峪镇乡的曹家掌、国练、兴旺庄一带。358旅旅长张宗逊、政委李井泉，以及所属第4团政委杨秀山、团长唐金龙，第716团政委廖汉生，第二支队支队长张秀龙、政委李建良率领部队与装备精良、经过武士道训练的日军展开了浴血奋战。娄烦县西南两川的民兵和群众冒着枪林弹雨，为子弟兵送饭、送水、抬伤员。经过军民三天两夜的团结战斗，于19日在国练村程家楼上最后消灭了负隅顽抗的残敌，全歼了村上大队700多名日军。这一胜利，打破了敌人夏季"扫荡"的战略部署，保卫了根据地，保卫了党中央，极大地鼓舞了边区军民的抗日士气。

10.太原黄坡烈士陵园

场馆概况

黄坡烈士陵园，位于和平南路义井西，东临汾河，西依天龙山脉观山，建于1959年春，占地面积71 369平方米。园内安葬着1949年4月在解放太原战役中，浴血奋战、壮烈牺牲的400多位烈士。通过逐年兴建，增添

纪念碑及文化广场

太原地区

陵园大门

纪念碑廊及解放军战士雕像

了展览厅、书法碑廊、文化广场、解放军战士雕像、解放太原花岗岩纪念墙等纪念设施,是山西省爱国主义教育基地。

周边美景

汾河二库风景区 位于山西省太原市西北30公里处汾河干流上,景区依托现代水利工程造就的高峡平湖,形成一处中国北方高原地区罕见的自然风光。这里春季山花烂漫,溪流潺潺;夏日草木繁茂,碧绿连天;秋天枫叶如火,野果飘香;冬来银装素裹,冰天一色。风景区内已开发的旅游项目有快艇游湖、竹筏漂流、大坝览胜、湖滨垂钓、空中飞人、探险一线天、品味瓜果园等。

11.清徐县烈士陵园

场馆概况

清徐县烈士陵园位于清徐县城正北的清源镇平泉村、北营村之间，距县城5公里，背靠吕梁山，面临清泉湖，依水傍山，风景秀丽。始建于1958年，全园占地15 422.5平方米，房屋、办公室、陈列室等建筑面积237平方米，共安葬烈士476人，被列为山西省爱国主义教育基地和县级文物保护单位。

陵园大门

当地美景

山西醋文化博物馆 坐落在清徐县美丽的东湖之畔，是清徐县的标志性建筑，又名文源楼，楼高49.88米，九层，形状似金龟出水身背阁楼。博物馆内陈列有山西老陈醋发祥史料和明清以来酿醋、食醋、盛醋、运醋实物200余件，系统展示了山西老陈醋的发展史。博物馆内还有现代老陈醋系列产品，展示了当今山西老陈醋发展现状。

大同朔州地区

爱国主义教育基地

01. 灵丘平型关大捷景区

场馆概况

平型关大捷景区由平型关战斗遗址、纪念馆、纪念碑和将帅广场组成。平型关战斗遗址位于大同市灵丘县城西南东河南镇的蔡家峪、小寨及白崖台乡的一天然沟壑中，遗址有十里乔沟和老爷庙两处。从乔沟入口拾级而上，纪念碑为景区制高

平型关大捷纪念馆及将帅群雕像

点。平型关大捷纪念馆始建于1969年，2006年进行大规模改陈扩建。现有陈列面积2134平方米，基本陈列由序厅、3个独立单元的主展厅和半景画馆组成。馆内收藏有大量珍贵图片、文献资料和文物。新建的平型关大捷将帅广场，位于纪念馆新馆

平型关大捷遗址碑

前，面积约5000平方米，广场上的群雕是平型关战斗的主要参战将领，他们是林彪、聂荣臻、杨得志、徐海东、李天佑、陈光、张绍东、陈锦绣、杨成武、肖华。雕像两侧筑有10面汉白玉浮雕文化墙，内容是毛泽东、朱德、王稼祥、彭德怀等中央军委、八路军领导人及各级将领有关

平型关大捷的讲话、诗词和题词。该景区是全国爱国主义教育示范基地，列入全国红色旅游经典景区名录。

➲ 红色链接

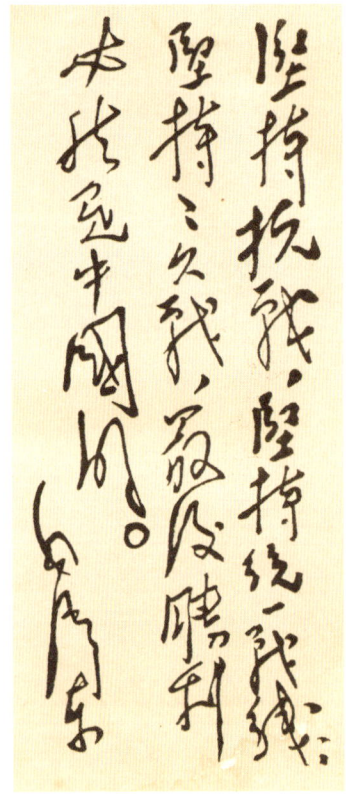

1937年7月7日，日本侵略军发动卢沟桥事变，开始了全面侵华战争。7月8日，中国共产党发出通电，号召全国同胞奋起抗战。在中国共产党的倡导下，以国共两党合作为基础的抗日民族统一战线正式形成。中国工农红军主力改编为国民革命军第八路军（简称"八路军"。9月11日，按全国统一的战斗序列改称第十八集团军，但习惯仍称"八路军"），改编时约4.6万人。

1937年8月22日至25日召开中共中央政治局洛川会议，毛泽东代表政治局作关于军事问题和国共两党关系问题的报告。关于军事问题，毛泽东指出：根据中日战争中敌强我弱的形势和敌人主要夺取华北的战略方向，抗日战争是一场艰苦的持久战。红军在国内革命战争中已经发展为能进行运动战的正规军，但在新的形势下，兵力使用和作战原则必须有所改变。红军的基本任务是：创建根据地，钳制和相机消灭敌人，配合友军作战(主要是战略配合)，保存和扩大红军，争取共产党对民族革命战争的领导权；红军的作战方针是：独立自主的山地游击战争(包括有利条件下消灭敌人兵团与在平原发展游击战争，但着重于山地)，分散以发动群众，集中以消灭敌人，建立起支持长期作战的战略支点。八路军115师、120师、129师从8月31日起，陆续开赴华北前线与日本侵略军作战。9月中旬，毛泽东根据战局的重大变化，及时调整了战略部署。9月17日，他致电八路军总部及各师采取以下战略部署：120师转至以管涔山脉为依托的晋西北地区；129师于适当时机进至以吕梁山脉为依托的晋西南地区；115师即进入恒山山脉南段，并准备逐渐南移，展开于太行、太岳两山脉中。这一战略部署的改变，对八路军摆脱敌之迂回包围，扩大回旋余地，以及各师相互策应，保持战略主动和迅速展开具有重要的战略意义。

八路军东渡黄河开赴抗日前线

🔥 红色故事

平型关战斗

1937年9月25日零时部队出发，战士们顶着狂风暴雨，涉急湍山洪，在拂晓前到达了指定地区，完成了战斗准备。115师主力布置在平型关到东河南镇10余里长的公路南侧山地边缘上。343旅686团位于白崖台附近，左侧是685团，右侧是687团，口袋底是第33军的独立8旅，115师第344旅687团断敌退路并打援敌，688团作为预备队。

25日天刚蒙蒙亮，日军坂垣师团第21旅团一部和辎重部队，从灵丘出发攻向平型关。

先头车辆越过小寨村进入沟内时，汽车上的机枪向两侧山上胡乱扫射，但是寂静的山谷却只有机枪的回声，并没有其他任何的反应。由于

24日夜一场大雨，沟内道路泥泞难行，汽车速度越来越慢。当行至关沟村前的一大片泥泞路面时，汽车停下来了，随之后面的车辆也一辆一辆相继停下来了。

预先埋伏在崖顶的主力部队突然全线开火，机枪子弹像急风暴雨般倾泻下

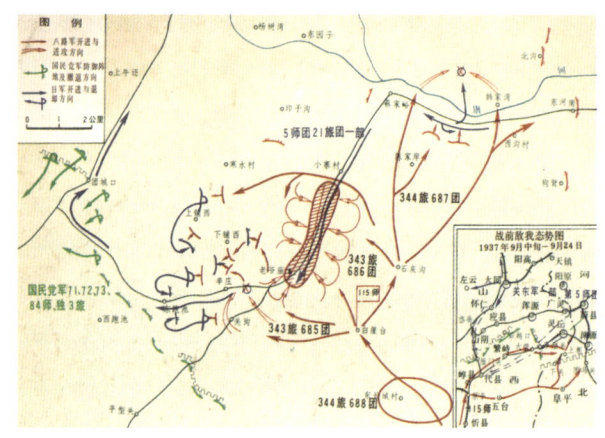

平型关战役示意图

来。车上的日军还没回过神来，就倒下了一大片，前面的几辆车马上瘫痪了，公路随即被堵塞住了。

这时，隐蔽在山后的伏军像尖刀一样迅速插向日本兵，刹那间，神兵从天而降，密集的手榴弹成束地飞向手忙脚乱的日军，爆炸声、冲锋号声和呐喊声响成一片，震撼山野，十里长沟犹如翻江倒海。日军随即被拦腰斩成几段。日军像没头苍蝇四处乱窜，战士们却不客气，挺起刺刀到处追杀，日军被打死、刺死，横尸遍地。公路成了血路，长沟变成了坟场。

残存的鬼子钻到汽车底下负隅顽抗，但是，仍然

平型关战役战斗场景（油画）

是被动挨打，在沟底吃够了挨打的苦头后，他们又开始发疯似的抢占公路西侧老爷庙及其附近高地，掩护突围。但685团的1连和3连早就占领了附近的高山，4连前面的高地被日军占领了，4连连长在争夺高地时负了

伤，排长马上代理连长指挥，两面夹击，夺回了高地。

经过一番激烈的争夺，685团控制了有利地形。被围困于老爷庙至小寨村的日军，在6架飞机掩护下，再次猛攻老爷庙及附近地区，仍未得逞。日军残敌困兽犹斗，拼死突围，因为主力已经消耗殆尽，到下午，进到关沟一带的日军被685团全部歼灭。

关沟战斗打响后，日军忙令第21联队抽调兵力前往救援。但是，当这部分援兵急匆匆地赶到关沟村时，又遭到685团二梯队的伏击，双方激战后，形成对峙。激战到下午4点，结束关沟战斗的685团赶来支援，固守正面的部队马上发起反冲锋。于是，四面山头一齐吹起冲锋号，战士们呐喊着扑向敌群。日军眼见八路军越战越多，越战越勇，以为已陷入大兵团包围之中，赶紧收拢兵力，丢下400多具尸体和大量装备，夺路向涞源方向逃窜……

平型关战斗，共歼敌1000余人，毁坏、缴获敌汽车100余辆，大车200余辆，九二式野战炮1门，轻重机枪20挺，步枪1000余支，战马50余匹及其他军需物资。平型关战斗震惊中外，是八路军出师华北前线打的第一个胜仗。此次战役，打击了日本侵略军的嚣张气焰，打破了"皇军"不可战胜的神话，鼓舞了全国人民抗战胜利的信心，提高了共产党和八路军的声威。

平型关战役主战场——乔沟

★ 红色语录

聂荣臻元帅为平型关大捷题写的著名诗句：

忆平型关大捷

集师上寨运良筹，
敢举烽烟解国忧；
潇潇夜雨洗兵马，
殷殷热血固金瓯。
东渡黄河第一战，
威扫敌倭青史流；
常抚皓首忆旧事，
夜眺燕北几春秋。

痛击日本侵略军（实景油画）

★ 红色经典

1937年9月，由罗及之摄制的纪录片《平型关大捷》内容极为丰富，包括八路军整装待发，翻山越岭，经过诸多险途，从牧虎关向平型关挺进；战士们英勇无畏，和日军展开惊心动魄的激战，最终胜利打败敌人，押解被俘的日军将领和士兵，携带缴获的战利品凯旋等内容。影片还拍摄了朱德总司令和指挥这一战役的林彪的部分镜头。这些真实而精彩的珍贵史料，也是绝无仅有的文献，充分展现了中华儿女不畏强敌、英勇善战的伟大民族精神和优秀品质。《平型关大捷》轰动了全国，也增强了中国人民赢得抗战胜利的信心。

周边美景

恒山 位于浑源县城东北12公里处，号称"人天北柱""绝塞名山"，是供奉北岳大帝的地方。主峰天峰岭，海拔2016.1米，与其西面的翠屏峰对峙，两峰之间峡幽谷深，水流湍急，形成扼关带水的绝塞天险。早

在汉代，恒山就有寺庙，现存有会仙府、十王殿、三清宫、文昌庙、白云洞、通玄谷等景点。

悬空寺 位于浑源县城南5公里的翠屏山，寺庙凌空悬吊在千仞壁立的石崖之上，巧妙镶嵌在峻峭石壁之中，遥望让人拍手叫绝，攀登叫人心惊肉跳。殿堂楼阁、亭台观龛都用悬梁木柱搭撑，上下攀挪全由腾空飞架的栈道悬梯连通，上载危崖，下临深渊，步举地颤，楼随人摇，登之有腾云驾雾之感。

02.大同煤矿"万人坑"遗址纪念馆

场馆概况

大同煤矿"万人坑"遗址纪念馆位于大同市西南20公里处的煤峪口矿建新街。始建于1965年,原名大同"万人坑"展览馆。分上、下两个洞,上洞宽5米多,深40余米,系一自然山洞;下洞宽4米左右,深70余米,为旧时小煤窑的坑道。

两个洞内层层叠叠堆满了"二战"期间日军占领大同市后杀戮或迫害致死矿工的尸骨。此处是目前国内现存最大、最完整的一个"万人坑"。2006年,纪念馆实施了大规模的改陈扩建工程,现占地33.7万平方米,分为接待服务区、苦难展示区、文物保护区、煤炭历史展览区四部分。主要建筑有展览厅、折板式廊道、多媒体演示厅、"万人坑"悼念厅、无字碑林和游客服务中心。该馆被中宣部命名为全国爱国主义教育示范基地,列入全国红色旅游经典景区名录。

纪念馆以"牢记历史,珍爱和平,面向未来,振兴中华"为主题,分为"觊觎矿藏,蓄谋已久""荼毒大同,霸占煤矿""野蛮开采,疯狂攫取""奴役矿工,灭绝人性""累累白骨,铁证如山""铭记历史,珍爱

无字碑林

大同朔州地区

"万人坑"遗址

悲惨的童工

和平"六大部分，采用大量珍贵图片、实物资料，通过背景雕塑、幻影成像、多媒体技术、场景再现等声光电多种现代科技手段进行展示，深刻而形象地揭露了日本侵略者"二战"期间在大同煤矿犯下的滔天罪行，告诫国人铭记苦难历史，为实现中华民族的伟大复兴自强不息。

背景链接

1937年10月，日本侵略者占领大同煤矿后，野蛮地推行"以人换煤"的血腥政策，疯狂地掠夺大同的煤炭资源，以达到其"以战养战"的目的。他们在我国各地设立许多招工事务所，以盖房、筑路等为名，从山东、江苏、

"万人坑"内层层叠叠的尸骨

河南、河北、北京、天津、安徽等地抓骗农民和失业小手工业者到大同矿山当劳工。劳工被迫在闷热、潮湿、煤尘弥漫的矿井里每天干十

43

几个小时的重活，而生活条件极差。大批外地劳工因水土不服等原因，相继患上了痢疾、伤寒等传染病症，惨无人道的日本侵略者不仅不给医治，反而把他们关进隔离所，到奄奄一息时，又扔到荒郊野外、河滩山谷、山洞和旧煤窑中，日积月累便形成了一个个白骨累累的"万人坑"。

八年间，日军共掠夺大同煤炭达1418万吨，平均每出1000吨煤就有4名矿工死去，造成6万多名大同矿工死亡。

周边美景

云冈石窟 位于大同市以西16公里处的武周山南麓，是我国最大的石窟之一，与甘肃敦煌莫高窟、河南龙门石窟并称为"中国三大石窟群"，也是世界闻名的石雕艺术宝库之一。为国家重点文物保护单位，列入《世界文化遗产名录》。石窟始凿于北魏兴安二年（453年），依山而凿，东西绵延1000米，现存石窟分东、中、西三区，主要洞窟45个，石刻造像51 000余尊，最小的仅有2厘米，最大的高达17米，规模宏伟，雕饰奇美，代表了公元5至6世纪时中国杰出的佛教石窟艺术。其中的第16窟到20窟合称"昙曜五窟"，布局设计严谨统一，是中国佛教艺术第一个巅峰时期的经典杰作。著名学者邓拓先生挥毫写道："危崖万佛迎风笑，艺术人间第一篇。"

云冈第二十窟

03.大同市革命烈士陵园

场馆概况

大同市革命烈士陵园，位于大同市城区马军营乡田村东，前身为"大同市人民公墓"，创建于1954年4月，2005年1月更名为"大同市革命烈士陵园"。陵园总占地面积80余亩，由革命烈士陈列馆、革命烈士纪念塔、烈士广场和烈士墓园组成。园内亭榭楼台，小桥流水，绿化面积达60%，为山西省爱国主义教育基地。

烈士陵园大门

04.灵丘平型关烈士陵园

场馆概况

平型关烈士陵园位于灵丘县城东南,原名为"灵丘县烈士陵园",始建于1962年7月,1965年9月25日立碑竣工。全园总占地面积60亩,有烈士纪念馆、烈士塔、纪念碑、展览厅、烈士坟茔等主要建筑,建筑面积3000多平方米。

烈士陵园大门

陵园主墓区24座墓内安放着平型关战斗中牺牲的八路军烈士和其他抗日烈士遗骨556位。纪念堂内牌位上敬录着在各个历史时期参战或从事党政工作而牺牲的灵丘籍烈士名录989位。陵园东墓区安葬着为修建京原铁路、灵丘空军机场而牺牲的烈士86位。纪念堂后为六角形烈士碑厅。纪念碑正面刻着"平型关烈士精神永垂不朽",背面记载着平型关大捷及灵丘人民的战斗历程。是山西省爱国主义教育基地。

烈士纪念堂

纪念碑亭和烈士墓区

大同朔州地区

🌳 周边美景

空中草原 位于灵丘县柳科乡，海拔2158米，周围是陡峻的山坡，山顶则是面积达3.6万亩、坦荡如砥、绿草如茵、野花遍地的大草原。居其上，天似穹庐，笼盖四野，无边无垠。夏季无暑，气候凉爽，山花烂漫，牧草青青；秋季天蓝草碧，牛羊满山，是一处亲近自然、回归自然的好去处。

05.广灵县玉福山烈士陵园

🏛 场馆概况

陵园牌楼

广灵县玉福山烈士陵园位于广灵县城西南1公里处的玉福山上，始建于1948年，自2001年以来进行了大规模修建，占地面积61 366平方米，园内主要建筑有纪念广场、烈士纪念塔、解放纪念碑、烈士公墓、烈士纪念碑林等。

广灵县玉福山烈士陵园整理陈展着王震、杨成武、王恩茂、曾雍雅等老一辈革命家在广灵的战斗业绩，详细记载和介绍了八路军359旅和115师独立团，在广灵打击日本侵略者，击毙日军少将常冈宽治的邵家庄伏击战、冯家沟伏击战等战斗，是山西省爱国主义教育基地。

烈士纪念塔及解放纪念碑

烈士纪念碑林

周边美景

水神堂 位于广灵县城南的壶山上，是全国重点文物保护单位。始建于明嘉靖年间，清代改名为水神堂。壶山四周泉涌水漫，有巨潭百亩，使壶山形成孤岛。水神堂由圣母祠、观音殿、老君殿、文昌阁、钟鼓楼和一

座八角七层实心玲珑砖塔组成，山水堂塔交相辉映，犹如江南秀丽风光。

06.平鲁李林烈士陵园

场馆概况

李林烈士陵园位于朔州市平鲁区井坪镇李林路18号，前身为平鲁区烈士陵园，占地面积10 960平方米，建筑面积2090平方米。记载着抗日巾帼英雄李林和其他革命先烈的光辉事迹。该馆始建于1964年，

分别于1992年、2003年进行了两次改陈扩建。陵园坐北朝南，规模宏伟，气势壮观，围墙环绕，绿树成荫。园内建筑有纪念碑、塑像、烈士墓、李林烈士事迹陈列室四个部分。园内陈列室收藏有3万余字的历史文献和300多幅珍贵历史照片，以及党和国家领导人的题词、李林烈士手稿等珍贵实物，为山西省爱国主义教育基地。

★ 红色人物

李林（1915—1940），女，福建龙溪人。幼时侨居印尼。1930年秋回国，先入厦门集美学校后到上海爱国女中求学。1936年夏，考入北平民国大学，同年加入中国共产党。

九一八事变后，她发出"甘愿征战血染衣，不平倭寇誓不休"的誓言，积极参加学生抗日救亡运动。为拯救民族危亡，于1936年年底受党的派遣，赴山西太原参加薄一波同志领导的山西牺牲救国同盟会（简称"牺盟会"）组织的山西军政训练班学习。1937年夏来到大同，担任牺盟会大同中心区宣传委员，同时参加中共雁北工委工作。在抗日前线雁北，她积极组织和发动民众进行抗日救亡运动。历任雁北工委宣传部长、雁北游击队六支队政委、八路军120师六支队骑兵营教导员、晋绥边区十一专署秘书主任、晋西北行政公署委员等职。她长期活动在平鲁、左云、右玉、朔县、山阴、怀仁的洪涛山区，打据点，锄汉奸，护送干部，发动群众，组织人民武装，培训干部，为开辟和巩固晋绥抗日根据地做出了重要贡献。曾以麦胡破敌，虎口夺马，夜袭红沙坝，奇袭长林、岱岳镇，偏关城杀奸等传奇式的英雄事迹，成为群众崇敬、敌伪胆寒的传奇式英雄人物，名扬解放区，是位受到贺龙同志接见和表扬的巾帼英雄。1940年4月下旬，日伪军集中万余兵力，分路向晋绥边区抗日根据地发动"扫荡"。时任专署秘书主任、已有身孕的李林，为掩护边区专署机关和群众突围，率小分队阻击敌人，浴血奋战至最后一人，在手持双枪连毙数名日军后，从容地把仅剩的一颗子弹射入自己的头部，壮烈牺牲，时年24岁。

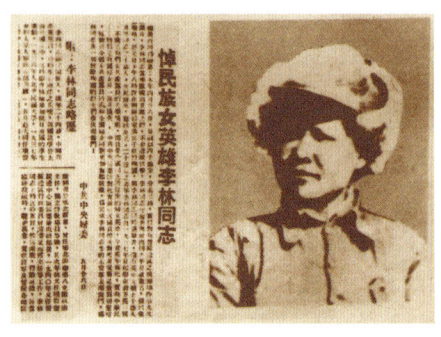

1940年4月26日，李林在平鲁县（今朔州市平鲁区）反日军"扫荡"中英勇战斗，壮烈牺牲。图为她的遗像和中共中央妇女委员会的悼词。

红色传承

抗日女英雄李林牺牲后，八路军120师师长贺龙曾以"女英雄"相称。中共中央妇委唁电称："（她）不仅是我们女共产党员的光辉模范，而且是全国同胞所敬爱的女英雄。"1972年，周恩来指示要写出《李林传》，以志英雄伟绩。1985年，山西省平鲁县召开隆重纪念大会，为她塑立雕像，并把平鲁一中命名为"李林中学"。

红色经典

由山西电影制片厂与中共山西省朔州市平鲁区委、区政府联合拍摄的电视连续剧《李林》，塑造了一个以李林为中心的抗日、爱国、革命的青年群体，是一部波澜壮阔的红色青春偶像剧。剧中人物性格鲜明，剧情冲突强烈，具有很强的可视性。

在李林烈士牺牲45周年之际，原雁北行政公署组织力量拍摄了电视连续剧《烽火侨女》和话剧《李林》，在全国播出和演出后，引起了巨大的反响。

戏剧《侨女李林》讲述南洋华侨女子李林，在民族危亡之际，毅然回国，投笔从戎，参加抗战的故事。

话剧《李林》场景

纪念女英雄李林的诗词：

绥南晋北，寂寞长城内。洪涛痛，桑干泪。华侨大陆访，集美师生会。延安走，报纸行行余墨味。

爱人梦当夕，波浪层层退。挥手处，无声息。艰危欢笑备，威武人情美。春永在，仙凡异路女儿诔。

周边美景

应县木塔 位于应县城内西北，全名为佛宫寺释迦塔，始建于辽清宁二年（1056年），是我国现存最古老、保存最完整的纯木结构塔。木塔整体建于高大的台基上，分上下两层，塔高67米，平面八角，明五暗九层，每层檐下各角都装有风铃，风吹铃动，音韵铿然。整个建筑不用一钉一铆，用斗拱240组54种，巧妙地将梁枋柱连成一严密的整体，充分体现了我国古代建筑工艺的精湛。

07.朔州塞北革命烈士陵园

场馆概况

塞北革命烈士陵园位于朔州市区西部金沙植物园内西北侧,占地108亩,主体建筑依次是陵园大门、碑前广场、塞北革命纪念馆、东西两侧的烈士公墓,是为纪念抗日战争和解放战争中在晋绥边区、绥远、绥蒙区牺牲的英烈修建的。现为山西省爱国主义教育基地。

塞北革命烈士陵园全景

08.右玉烈士陵园

场馆概况

右玉县烈士陵园,坐落在县城北的贾家窑山松涛园,占地1.8万平方米。始建于2000年,由烈士纪念碑、纪念馆、广场、墓群等组成,整个陵园周围苍松叠翠,绿树成荫,景色宜人。

烈士陵园全景

阳泉晋中地区

爱国主义教育基地

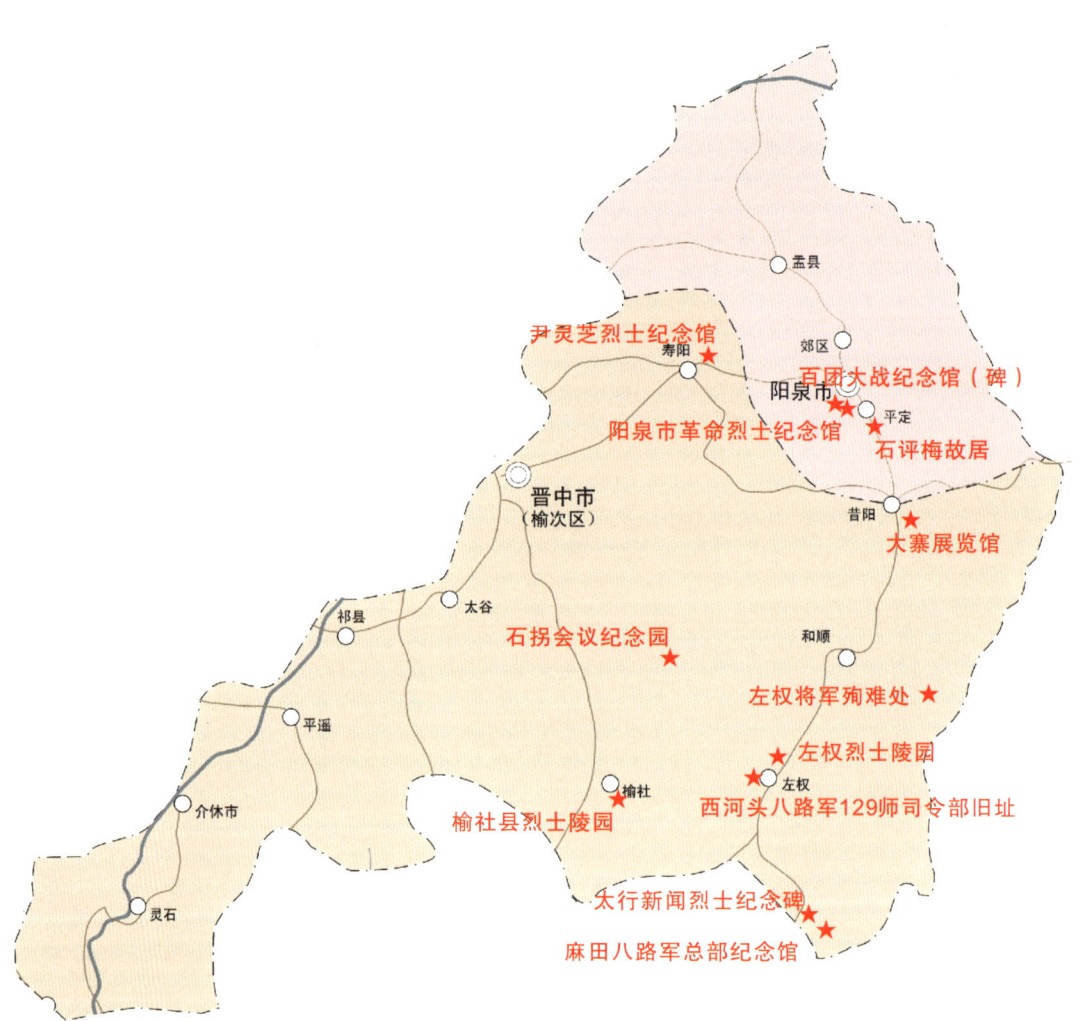

01.阳泉百团大战纪念馆（碑）

场馆概况

百团大战纪念馆

百团大战纪念馆（碑）位于阳泉市区西南5公里处的狮脑山主峰，建于1985年，由主碑、副碑、大型圆雕、题字碑、烽火台及"长城"组成，共占地25亩。纪念馆分上、下两个展厅，展览分"惊世壮举，辉煌战果""英雄史诗，宏伟工程""不朽精神，深刻教益"和纪念百团大战的书画四大部分，以100多幅珍贵照片、图片生动地再现了百团大战的英雄业绩。百团大战纪念碑（主碑）碑高40米，形如一把锋利的刺刀。正面镌刻着彭真题词："战绩辉煌，永垂史册"；两侧分别为徐向前题词："参加百团大战的烈士们永垂不朽"，薄一波题词："百团大战，抗日战争中

百团大战纪念馆（碑）全景

最光辉的一页，必将载诸史册，永放光芒"。在百团大战纪念碑建筑群周围，还修筑了供人们游览和休息的狮子阁、钟亭、蘑菇亭，并种植了大片林木，使具有光辉革命历史的狮脑山峰，更加美丽壮观。1997年被中宣部命名为全国爱国主义教育示范基地，列入全国红色旅游经典景区二期名录。2010年，百团大战纪念馆新馆落成并对外开放，其展示水平与服务功能进一步完善。

百团大战纪念碑主碑

百团大战纪念馆新馆

红色链接

百团大战

1939年冬，日军对华北抗日根据地推行所谓"囚笼"政策。为扭转华北抗战的困难局面，支援全国抗战，1940年8月，八路军动员105个团，在华北敌后战场发动大规模交通破袭战，拔掉了敌人靠近根据地的碉堡、据点，炸毁了铁路、桥梁、

彭德怀在前线指挥战斗

阳泉晋中地区

大战前夕，邓小平（左一）、李达、蔡树藩、杨秀峰、刘伯承在一起。

狮脑山战斗中的129师385旅某部机枪阵地。

部队占领娘子关日军阵地。

野战政治部主任罗瑞卿（右二）、386旅旅长陈赓（右三）视察关家垴战场。

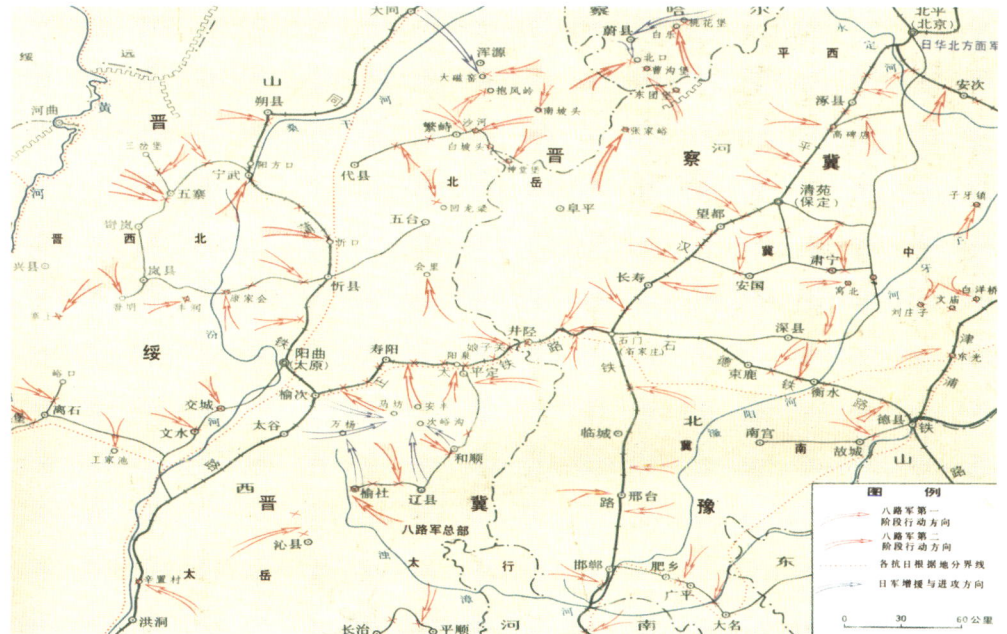

百团大战第一、第二阶段作战要图（1940年8月20日—10月上旬）

公路，使日军的交通线瘫痪，史称"百团大战"。本次战役历时近4个月，共进行大小战斗1824次，毙伤日军2万余人、伪军5000余人，俘虏日军280余人、伪军1.8万多人，并缴获了大批武器弹药。比较大的战役有：守备狮脑山战斗、石太铁路破击战、康家会战斗、卷峪沟战斗、强攻榆社城、三甲村战斗、东团堡战斗、关家垴战斗等。这次战役给日伪军以沉重打击，粉碎了日军的"囚笼"政策及"迅速解决中国事变"的梦想。百团大战是抗战时期中国军队主动出击日军的一次大规模的战役，打出了敌后抗日军民的声威，振奋了全国人民争取抗战胜利的信心，在战略上有力地支持了国民党正面战场。

红色人物

彭德怀（1898—1974），原名得华，湖南湘潭人。无产阶级革命家、军事家，中国人民解放军的重要领导人之一。

1916年进入湖南湘军当兵。1922年考入湖南陆军讲武堂，1923年毕业，任湘军连长。1926年任营长，不久部队改编为国民革命军，参加北伐战争。1928年1月任团长。同年4月，面对大革命失败后的白色恐怖，毅然选择革命道路，加入

彭德怀元帅

中国共产党。11月，率领红五军主力赴井冈山，与毛泽东、朱德领导的红四军会师。1929年初，红四军主力向赣南、闽西进军后，留在井冈山坚持斗争。他参与指挥了第一、第二、第三次反"围剿"和直罗镇战役。抗日战争时期，任八路军副总指挥（第十八集团军副总司令），协助朱德指挥八路军深入敌后，开展游击战争，开辟华北抗日根据地。1940年8月，在华北组织发动百团大战，使日本侵略军受到沉重打击。解放战争时期，任

西北野战军(后编为第一野战军)司令员兼政治委员、中国人民解放军副总司令。新中国成立后,任中央人民政府委员、人民革命军事委员会副主席、西北军政委员会主席、中共中央西北局第一书记、西北军区司令员。1950年10月,出任中国人民志愿军司令员兼政治委员,指挥中国人民志愿军赴朝鲜作战。1954年后任国务院副总理兼国防部长、国防委员会副主席、中共第八届中央政治局委员等职。1955年被授予中华人民共和国元帅军衔。

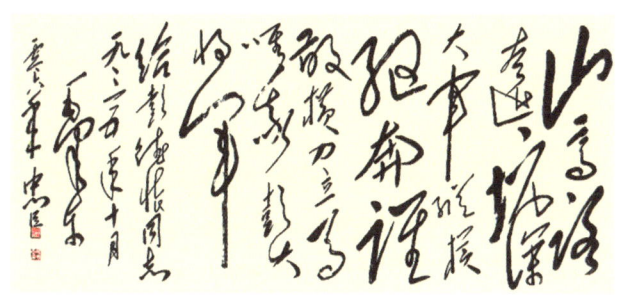

他是一代名将,毛泽东曾为他赋诗:"山高路远坑深,大军纵横驰骋,谁敢横刀立马,唯我彭大将军。"

红色故事

聂荣臻与日本孤儿

1940年百团大战期间,井陉煤矿火车站日方副站长加藤清利及其妻在炮火中身亡,遗下两个女儿。八路军战士冒着生命危险把她们抢救出来,送到聂荣臻的前线指挥所。聂荣臻亲手削雪花梨喂给小姑娘吃,并且设法找人给孩子喂奶、治伤。考虑到当时的环境太危险,聂荣臻决定把这两名日本孤儿送往石家庄的日军兵营,还转交给日军一封信,信中表达了期盼和平的愿望和为民族解放战斗

幼时美穗子坐在挑筐里

到底的决心。1980年秋，当年照片中的日本小姑娘——美穗子来华访问，她眼含热泪，以额触聂荣臻那双温暖的大手，表达她深深的感激之情。美穗子说，一些日本军人知道了这件事的来龙去脉后，非常感动和惭愧，更加认识到了侵华战争的罪恶。聂荣臻说："让我们化干戈为玉帛吧！日本民族是勤劳智慧的民族，愿中日两国人民世世代代友好下去，永不兵戎相见。"充分展示了中国共产党人的宽广胸怀和革命人道主义精神，以及中国人民热爱和平、珍爱生命的民族魂魄。

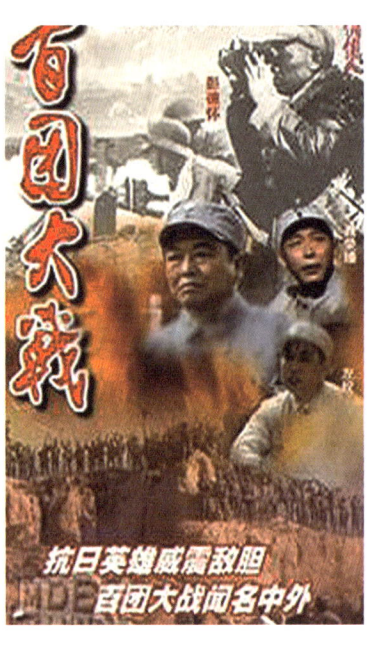

红色经典

《百团大战》

八集电视剧《百团大战》由山西电视台、阳泉电视台、晋中电视台合拍。曾获1991年度山西省电视剧一等奖。

当地美景

娘子关 位于阳泉市东约40公里处，是长城著名关隘。相传唐初李渊的三女儿平阳公主曾领兵驻守，故名"娘子关"。现存关城为明嘉靖二十一年（1542年）所筑，城堡依山傍水，居高临下，桃河水由西南折向东北，绕城而过。两翼之长城依山势蜿蜒，成为晋冀间天然屏障，素有"三晋门户""万里长城第九关"之称。

藏山风景区 位于盂县城北18公里处。相传春秋时期，晋国司寇屠岸贾带领人马查抄赵家，要把赵家后代满门抄斩。赵家的门客程婴、公孙杵臼为抢救赵氏孤儿赵武，舍去己子，携孤儿赵武潜入盂山藏匿15年之久，这就是著名的赵氏孤儿的故事。后人为颂扬程婴、公孙杵臼等人舍生取义之壮烈事迹，把盂山改名为藏山，并筑庙祭祀。这里千峰叠嶂，万壑含烟，松柏参天，涧水潺湲，风景四季宜人；古刹建筑，格局绝妙，疏密得体，有"晋东第一名山"之称誉。

水上人家 是娘子关著名的景观之一，沿街而行，右有民居，左有溪流，涓涓溪水时缓时急，叮咚作响，碧草小石，清晰可见，三步一桥，水磨处处，东曲西折，穿家过户，清可鉴人，时隐时现，成就了"人在水上住，清泉屋下流"的景观，颇有些江南水乡的味道。"水上人家"由此得名。

02.平定石评梅故居

场馆概况

石评梅故居位于山西省平定县小河村（现为评梅西街），为典型的北方四合院民宅，建于清朝末年，分两进院落，石评梅故居由桃花园、桃花厅、文物管理区、故居管理区、文物库房区、旧城墙等建筑组成，

阳泉小河古村落　　　　　　　　石家花园

总占地面积1500多平方米，建筑面积1366平方米。故居陈列着石评梅女士的生平事迹及其在此居住期间创作的《涛语》《祈告》《偶然草》等文学作品。2007年，小河村被建设部、国家文物局命名为"中国历史文化名村"，是山西省爱国主义教育基地。

"中国历史文化名村"匾

评梅广场

🚩 红色人物

石评梅（1902—1928），乳名心珠，学名汝璧，山西平定人，1919年考入北京女子高等师范学校，毕业后在北京师范大学附属女子中学任教。石评梅短暂的一生中，创作了大量诗歌、散文、游记、小说，尤以诗歌见长，有"北京著名女诗人"之誉。作品大多以追求爱情、真理，渴望自由、光明为主题。小说创作以《红鬃马》《匹马嘶风录》为代表。她的作品受到鲁迅先生的好评与重视。她在追求真理和光明的征途上，结识了中共早期政治活动家高君宇，他们在革命事业中相识相爱，忠贞不渝，传为佳话。1928年，因患脑炎病故于北京协和医院，时年26岁。

红色故事

1923年底，石评梅从北京女子高等师范学校毕业。接受师大附属女子中学聘请，担任女子部学级主任和体育教员，由于她国学功底厚实，又兼任国文教员。后来还在春明女校、女一中、若瑟女校、师大等校兼任教员和讲师。在附中一干6年，直至病逝。

石评梅雕像

石评梅施教讲究全面，教书又育人。她利用"总理纪念周"活动给学生讲述历史，讲民族，讲气节，讲孙中山革命，讲黄花岗七十二烈

石评梅文集

士,讲女性的独立与平等。她欣赏亚米契斯《爱的教育》,"用理智的同情来情育同学"。她的口头禅是"让我们学着为别人尽量多做点儿事吧","让我们一起学做蜡烛,好吗?"为帮助学生增长知识,她捐出自己心爱的几十本藏书,为班上建立了"图书柜"。有的学生爱好写作,她精心辅导,传授"三多"秘诀:多看,多读,多写。她说:"看,是看社会,看人生;读,是读书;写,是练笔。"日后成为现代文学史上名作家的李健吾、蹇先艾和朱大枏,那时都是附中的学生,都不同程度地沐浴过石评梅的教泽。

红色经典

长篇传记文学《石评梅传》 作者:柯兴

电视剧《评梅女士》,根据描写石评梅一生的小说《风流才女》改编而成。该剧撷取石评梅一生中的爱情婚姻悲剧,以诗情画意般的电视语言,诉说了评梅女士心中的欢乐与哀愁,从一个重要侧面揭示了这位革命女性高洁的品格与执著的追求。

03.阳泉市革命烈士纪念馆

场馆概况

阳泉市革命烈士纪念馆位于阳泉市区狮脑山"百团大战纪念碑"红色旅游景区东侧，2006年9月落成。占地面积13 803.63平方米，建筑面积约8650平方米。

革命烈士纪念馆（碑）全景

主要建筑有革命烈士纪念碑、中共第一城纪念碑、纪念馆、纪念广场等。烈士纪念碑由三片高低错落的弧形巨大墙片和一道纪念墙组成，碑刻"革命烈士永垂不朽"八个大字，纪念墙长19.47米，高5.4米，墙的正面镌刻着"中共第一城"。

革命烈士纪念碑

"中共第一城"纪念墙

展览陈列室大厅

04.左权麻田八路军总部纪念馆

场馆概况

麻田八路军总部纪念馆位于左权县城南45公里处的麻田镇上麻田村西南，1981年由八路军总部麻田旧址扩建而成。占地面积4700平方米，其中18个展室面积为697平方米。总部纪念馆由三个自然院落组成，包括总部办公室（内有"八路军总部在麻田""彭德怀生平"两个展览），邓小平旧居（含"小平同志在太行"展览），左权、罗瑞卿旧居（内含老首长回访题词、回访照等专题展览）三大部分，馆藏革命文物183件，展室陈列图片370幅。该景区为国家重点文物保护单位，全国爱国主义教育示范基地，2005年列入全国红色旅游经典景区。

红色链接

麻田镇地处晋冀豫三省要隘，易守难攻，有"晋疆锁钥，山西屏障"之称。抗战时期，八路军总部曾在山西70多个村庄驻扎，在麻田驻扎时间最长，达5年之久。

1937年11月，八路军129师师长刘伯承、副师长徐向前率领部队进驻辽县（现左权县）西河头村，麻田镇就成为根据地的前沿。1940年11月7日，八路军前方总部、野战政治部、后勤部、卫生部、军工部、中共中央北方局、北方局党校、新华社华北分社、鲁迅艺术学校以及129师司令部等机关，移驻麻田镇周围一带，朱德、彭德怀、刘少奇、左权、杨秀峰、李雪峰、刘伯承、邓小平、陈毅、徐向前、杨尚昆、罗瑞卿、刘华清等一大批老一辈革命家都曾在此运筹帷幄,指挥华北军民进行了百团大战、响堂铺战役、黄崖洞保卫战等著名战役,给敌人以沉重的打击,有力地推动了整个华北根据地的巩固和发展,进而奠定了抗战的胜利局面。这个太行小镇,因其历史地位突出,贡献卓著,被誉为"小延安"。

八路军总部行动路线示意图

(1937年9月—1945年9月)

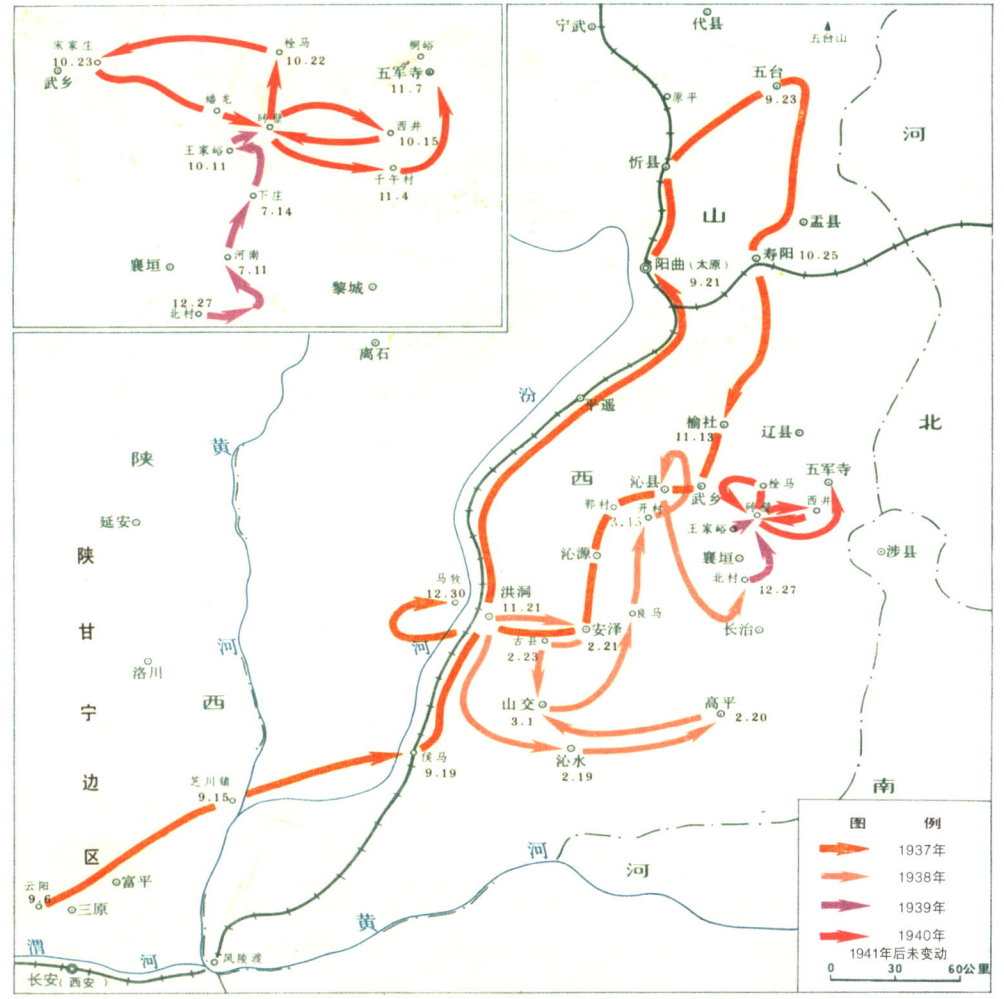

红色人物

朱德元帅

朱德（1886—1976），中国人民解放军主要创始人和领导者，军事家，共和国元帅。字玉阶，四川仪陇人。1909年考入云南陆军讲武堂，同年加入中国同盟会。参加了辛亥革命。1913年后在滇军任营长、副团长、团长、旅长。曾参加护国、护法战争。1922年赴德国留学，同年加入中国共产党。1925年到苏联学习军事，次年回国。1927年在南昌创办国民革命军第三军军官教育团，参加领导八一南昌起义，任起义军第九军副军长。1928年参与领导湘南起义，建立工农民主政权，同年4月，率起义军上井冈山，同毛泽东领导的部队会师，成立了中国工农革命军（后改称红军）第四军。

土地革命战争时期，任中国工农革命军第四军军长。1930年起，任中国工农红军第一军团军团长，第一方面军总司令，中国工农红军总司令，中央革命军事委员会主席。和

1937年9月中旬，朱德率领八路军主力由陕西东渡黄河开赴抗日前线。图为（前右起）：朱德、任弼时、左权等在渡船上。

八路军总指挥朱德在华北敌后战场

毛泽东一起指挥红军取得了第一、二、三次反"围剿"的胜利。1933年春和周恩来一起指挥红军取得了第四次反"围剿"的胜利。1934年10月参加长征。1935年1月,在党中央召开的遵义会议上,严正批判了左倾冒险主义的错误,坚决拥护和支持毛泽东在全党的领导地位。在长征途中,对张国焘的分裂红军活动,进行了坚决的斗争。

抗日战争时期,任中央军委副主席,八路军总指挥(后改称第十八集团军,任总司令)。直接指挥八路军华北敌后抗战,建立和扩大抗日根据地。1940年冬,提出"开垦南泥湾政策",对发展大生产运动,粉碎国民党反动派对陕甘宁边区的封锁,做出了重大贡献。

解放战争时期,任中央军委副主席,中国人民解放军总司令。协助毛泽东组织指挥了辽沈、淮海、平津三大战役,随后又和毛泽东一起发出向全国进军的命令,指挥人民解放军渡过长江,为推翻国民党反动统治,夺取解放战争的伟大胜利做出了巨大贡献。

新中国成立后,历任中央人民政府副主席,中共中央军事委员会副主席,中国人民解放军总司令,中华人民共和国副主席,国防委员会副主席。1949年11月至1955年5月兼任中央纪律检查委员会书记。是中共第六届中央政治局委员,第七届中央政治局委员、中央书记处书记,第八届中央副主席、政治局常委,第九届中央政治局委员,第十届中央政治局常务委员。1959年4月起任第二、三、四届全国人大常委会委员长。

1955年被授予中华人民共和国元帅军衔。曾获一级八一勋章、一级独立自由勋章、一级解放勋章。

1976年7月6日在北京逝世,终年90岁。

红色故事

邓政委分粮

1942年到1943年,太行革命根据地连续两年大旱,粮食歉收,当地军民生活十分困难。第129师政委邓小平按照总部指示,将战士的口粮由每人每天一斤半减到九两,把节省下来的粮食分给当地揭不开锅的困难户。

在繁忙的工作之余,邓政委总要亲自过问分粮的情况,要求同志们做到秤平斗满。一次,司务长给邓政委孩子的奶妈发奶孩米,秤高了一点,司务长将秤绳向后抹了抹,准备倒米。这一细微的动作被邓政委看见了,他就走近前去仔细看秤星,一看是15斤半。邓政委说:"这是国家的小米,不要因为她是我孩子的奶妈就可以多一点。八路军要求官兵一致,谁也不能搞特殊化哟。"他边说边把秤盘里的米掬回半斤,在场的群众无不为之感动。

邓小平一家人在太行山区

🔥 红色经典

抗战时期创作的许多脍炙人口的文艺作品至今还在太行山上传唱，著名农民作家赵树理创作的《小二黑结婚》、《李有才板话》和文艺工作者编创的左权民歌《朱总司令在太行》、《刘邓大军南下》、《左权将军》等，对于发动群众，宣传抗日都发挥了巨大的作用。陈毅元帅在麻田写下了《过太行山书怀》："黄河东走汇百川，自来表里太行山。万年民族发祥地，抗战精华又此间。"

1944年华北新华书店出版的《小二黑结婚》及该书作者赵树理。

⭐ 红色传承

红色艺术团

麻田八路军总部红色艺术团成立于2003年7月，以左权小花戏、表演唱、快板剧等艺术形式反映革命历史事件，收到良好的演出效果。近年来，艺术团走出太行山，赴外地交流演出，受到一致好评。

左权花戏歌舞剧《太行奶娘》，诠释了八年抗战中太行人民质朴无私的高尚情怀。它是一部"难得的、具有强烈感染力的革命传统教育戏，是一部思想性、艺术性、观赏性相统一的好戏"。

左权小花戏

当地美景

麻田 不仅是"红色之都",而且景色宜人,素有太行山上"小江南"的美誉,这里奇峰突兀、山清水秀,糅北国风光与江南水色于一体,美不胜收。

龙泉国家森林公园 位于左权县城东南的堡则、桐峪、麻田、泽城四乡镇境内,东西5.4公里,南北45公里,景区以独特的森林景观为基础,配以飞瀑与古寺,形成了溶洞古刹雷音寺、十龙神祠、龙泉瀑布、龙泉湖、密林峡谷、龟石、寒

背松涛、北天池草甸、千亩川太行农家风情、南北洞探险、金龙出洞、龙柱擎天、三仙洞、石猴松涛等87处景点,清漳河和207国道纵贯南北,风光秀美,交通便利。

05.左权烈士陵园

场馆概况

左权烈士陵园位于左权县城中心,建于1945年,坐北向南,占地面积3335平方米,建筑面积872平方米。内有左权将军六角纪念碑,左权将军的铜塑像、石膏像。园内一侧,还建有左权将军纪念馆,陵园内亭台廊庑,雕梁画栋,松柏掩映,林木苍翠,环境清幽,庄严肃穆。

左权将军纪念馆内,陈列有反映左权将军革命生涯的简历、照片和实物资料,以及中国共产党中央领导人在左权将军牺牲后题写的挽词等。还收藏有周恩来、朱德、彭德怀、刘伯承、邓小平、聂荣臻等老一辈无产阶级革命家为悼念左权将军所写的怀念文章和百余件革命文物。

陵园内还有为部分死难烈士树建的碑石多处。院子的最高处，建有7层烈士塔。塔内刻有千人《英名录》碑记及刘伯承题词碑刻。是山西省爱国主义教育基地。

左权烈士陵园

🚩 红色人物

左权（1905—1942），出生于湖南省醴陵县平桥乡黄茅岭村的一个贫苦农民家庭。1925年加入中国共产党，先后在广州陆军讲武学校、黄埔军校、莫斯科中山大学、伏龙芝军事学院学习。全国抗战爆发后，出任八路军副参谋长、前方总部参谋

长，后曾兼任八路军第二纵队司令员，协助朱德、彭德怀指挥八路军在华北开展敌后游击战争。1942年5月，为粉碎侵华日军对辽县麻田八路军总部的合围，掩护中共中央北方局和八路军总部等机关突围转移时，在十字岭战斗中壮烈殉国，年仅37岁。左权将军是八路军在抗日战争中牺牲的最高指挥员，周恩来称他"足以为党之楷模"，朱德赞誉他是"中国军界不可多得的人才"。

➲ 红色链接

毛泽东同志信任且偏爱

毛泽东非常赏识左权的军事才华和人品。左权于1930年从苏联回国后，毛泽东即知道闽西苏区来了一个年轻的黄埔一期和伏龙芝军事学院毕业的高才生，名左权，是自己的湖南小老乡，对左权十分关注，倍加珍爱。左权曾担任红军军官学校一分校校长，又被任命为新12军军长，他率部配合中央苏区红军取得了第一次反"围剿"的胜利。他的"盘式打圈子"游击战术，深为毛泽东欣赏。

毛泽东喜欢"有文化"的人，对左权的文笔十分欣赏。毛泽东夸他"两杆子都行"。在第二次反"围剿"开始后，毛泽东将左权调入红一方面军总司令部任参谋处处长，分管作战计划。他积极贯彻毛泽东的军事思想，再次给毛泽东留下了深刻印象。

策划宁都起义时，毛泽东特意委派左权与老资格的刘伯坚、王稼祥同为中央军委代表。左权按毛泽东的设想，三次深入虎穴，做了大量工作，最终取得了起义成功。不仅不费一枪一弹拔掉了中央苏区内最后一颗"白钉子"，还使一支1.7万余人的国民党正规军被改编为红五军团，左权被任命为该军团最精锐的第15军政委。几个月后被任命为红15军军长兼政委。

1933年10月，在第五次反"围剿"最紧张的时刻，任命他为红一军团参谋长。

"西安事变"发生后，中共代表团赴西安谈判。杨虎城为表示合作的诚意，要求中共派一军事专家到西安共商西安城防及护卫中共代表团之事。毛泽东认为左权去最为合适。因左权系黄埔一期优秀学员并留苏5年，是"纯血统"的正规军人，国民党那边的将领们都很佩服他。

国共合作成功后，红军改编为八路军。左权被任命为副参谋长。就这样，32岁的左权进入了中国共产党军队最高领导层。

🔥 红色故事

一颗子弹应该消灭一个敌人

1941年深秋的一天，一名年轻的八路军战士看到几只山鸡在山坡上觅食。"叭"的一声枪响，他提着一只山鸡高高兴兴地跑了回来。晚饭时，年轻战士把香喷喷的山鸡端给左权将军。"首长，这几天你的身体累坏了，这是我打的山鸡，一枪就打住了，可不是……"首长看看热腾腾的山鸡，又看看那名战士，脸上没有一丝喜色，说："你用一颗子弹打死了一只山鸡，付出的代价太大了。子弹是用来打日本侵略军的。一颗子弹应该消灭一个敌人，你却打死一只山鸡。我常讲要爱惜子弹，有时一颗子弹也可以保存下我们自己。这只山鸡我不吃，你们也不要吃。后垴上住着我们的几名伤病员，把山鸡送给他们。"

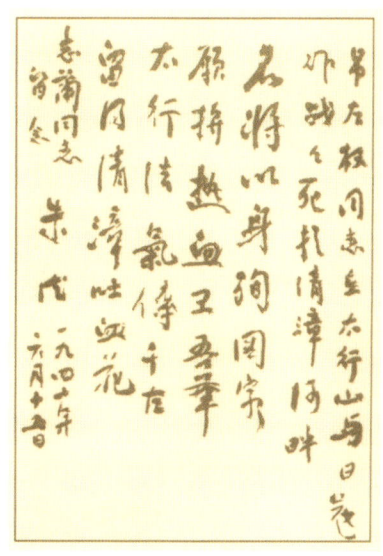

朱德为悼念左权将军写的诗

🔥 红色经典

《抗日名将左权》是一部传记题材的战争片，生动地描述了军事家左权光辉的一生。通过表现左权在八路军对日作战时期的一系列战役故事，从一个侧面生动反映了共产党及其领导的八路军在抗日战争中捍卫民族独立、抵御外来侵略的不朽业绩。

红色传承

八路军副参谋长左权将军不幸殉难于山西辽县麻田镇十字岭后，为了永久纪念和缅怀这位军事家的丰功伟绩，经晋冀鲁豫边区政府批准，将辽县易名为左权县。

1942年9月18日，辽县各界人民在西黄漳村召开左权县命名大会。

06.左权太行新闻烈士纪念碑

纪念碑简介

太行新闻烈士纪念碑位于左权县麻田镇清漳河畔西山村南200米处西山脚下，面向东北大羊角村（新闻烈士殉难地），是为纪念《新华日报》主编何云等57位新闻战士而修建的。于1986年5月28日落成，其高7.5米，碑座为方形，四面凸阶，雕栏环绕；碑体为四方形，正面镌刻杨尚昆亲笔题词："太行新闻烈士永垂不朽！"右侧面镌陆定一题词："1942年5月，华

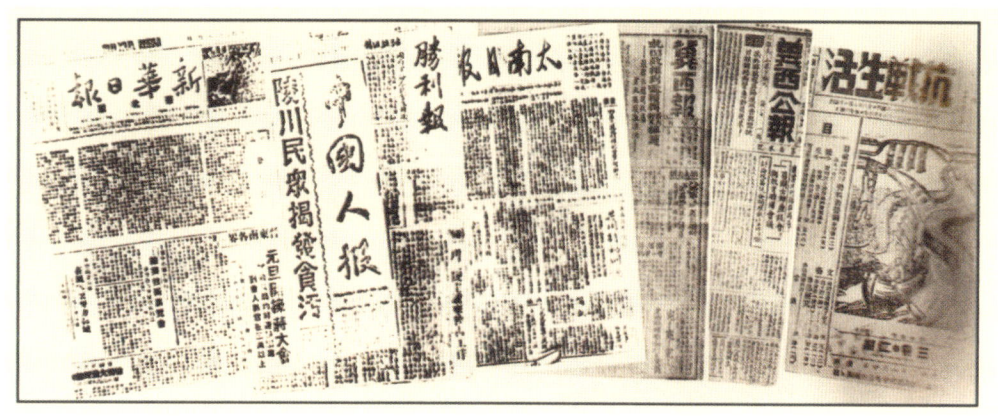

抗战时期太行区出版的部分报纸和刊物

北新华日报社社长何云等四十余位同志壮烈牺牲。烈士们永垂不朽。"左侧面镌刻《何云同志简历》一文，介绍了这位热血洒在太行山上新闻战士的光辉战斗历程。背面镌刻何云、李竹如等太行新闻烈士芳名录。

🚩 红色人物

何云在太行山

何云（1905—1942），原名朱士翘，浙江上虞人。杭州师范毕业，复旦大学肄业，1929年留学日本早稻田大学学习经济，后任日本华侨小学校长半年。

1931年九一八事变后，他毅然停学回国，投身抗日救亡运动。1932年加入中国共产党。1933年3月，上海国民御侮自救会成立，何云任该会宣传部长。同年6月，被上海国民党宪兵司令部逮捕。1937年出狱。

1938年，党中央决定创办《新华日报》，何云被调往汉口参加筹备工作，担任国际版编辑。12月，《新华日报》华北分馆成立，何云任分馆管理委员会主任（社长）兼总编辑。1939年元旦，中共中央北方局机关报《新华日报》（华北版）创刊号诞生。从此，何云带领报馆员工，在极其艰苦的战斗环境中，一边打游击，一边出版报纸，编发延安新华总社的新闻，及时报道华北抗日军民的对敌斗争。

1940年8月，八路军发动了著名的百团大战。何云随八路军总部和129师刘伯承、邓小平奔赴前线组织战地新闻采访，在火线上编辑、审稿、刻印、发行，以最快的速度把战斗消息传播出去，为鼓舞部队士气发挥了巨大作用。

1942年5月，日军集结重兵，对太行山辽县麻田一带进行"铁壁合围"式的大"扫荡"，企图摧毁八路军总部和《新华日报》华北分馆。何云率领全馆同志坚持工作和战斗。5月28日，他在率部突围与日军激战中不幸中弹牺牲，时年37岁。

07.左权西河头八路军129师司令部旧址

场馆概况

西河头八路军129师司令部旧址位于左权县辽阳镇西河头村，属20世纪30年代建筑。有主院与马棚两部分。主院坐西朝东，三进四合式砖木结构瓦房，占地945平方米，建筑面积650平方米，现存房屋42间。西高东低轴线清晰，南北对称布局严谨。2006年5月25日被国务院公布为全国重点文物保护单位。

➡ 红色链接

1937年11月，太原失守后，八路军遵照中共中央、毛泽东的指示，确定太原失守后的中心任务是以山西为主要阵地支撑华北抗战，独立自主地开展游击战争，创建革命根据地。11月15日，129师在刘伯承师长、徐向前副师长、张浩政委、倪志亮参谋长诸首长率领下，由和顺石拐镇进驻西河头村。征用本地民主人士、士绅常立刚的三进四合式院落作为

129师在八路军总部的直接指挥下，建立了以太行山区为中心的晋冀豫抗日根据地。图为朱德总司令（右）与129师师长刘伯承（中）、政治委员邓小平（左）研究作战计划。

129师司令部。同时，中共冀豫晋省委（对外称"129师编辑部"）也随同129师进驻西河头村。在此驻扎期间，129师先后取得了粉碎日军"六路围攻"、"九路围攻"和长生口、神头岭、响堂铺等战役战斗的胜利。11月下旬，刘伯承等首长在西河头村创办了首届"抗日游击训练班"，为

1938年春，刘伯承（站立者左）和邓小平（站立者中）在129师干部会议上作报告。

部队和地方培养了一大批游击战指挥人才。西河头村被誉为"游击战争发祥地"。1938年1月16日，中央调张浩同志回延安工作后，由第十八集团军野战政治部副主任邓小平同志接任129师政委。此后，他配合冀豫晋省委先后建立起中共辽县委员会等党组织，并于3月在西河头村召开了太行10县区委以上党的负责人会议，大大推动了中华民族团结抗日的决心，为建立太行山革命根据地打下了坚实的基础。1939年6月，129师师部离开西河头村，迁至左权县桐峪村。

红色人物

刘伯承元帅

刘伯承（1892—1986），军事家，政治家，中国人民解放军创建人和领导人之一，中华人民共和国元帅。原名刘明昭，四川开县人。1911年参加辛亥革命。1912年考入重庆军政府将校学堂。1914年加入孙中山领导的中华革命党。在护国、护法战争中，历任连长、旅参谋长、团长。被誉为"川中名将"。1926年5月加入中国共产党。同年12月任中共重庆地方委员会军事委员会委员。1927年与周恩来、贺龙、叶挺、朱德等领导南昌起义，任中共前敌委员会参谋团参谋长。1928年留学于苏联伏龙芝军事学院。1930年回国后任中共中央军事委员会委员、长江局军委书记。1932年1月任中国工农红军学校校长兼政治委员。10月任中央革命军事委员会总参谋长，协助朱德、周恩来指挥第四次、第五次反"围剿"。长征初期参与指挥五军团殿后，掩护中央机关通过国民党军四道封锁线。1934年底任总参谋长并兼中央纵队司令员，指挥先遣部队强渡乌江、智取遵义。1935年1月，参加了在遵义召开的中共中央政治局扩大会议，坚决支持毛泽东的正确主张。

抗日战争爆发后，任八路军129师师长。1938年后，与政治委员邓小平、副师长徐向前等组织指挥长生口、神头岭、响堂铺等战斗，给日军以沉重打击，之后又取得晋东南反日军"九路围攻"和冀南反十一路"扫荡"的胜利，创建了晋冀豫抗日根据地。1940年组织部队参加百团大战。

八路军129师向太行山区挺进

八路军129师师长刘伯承

解放战争时期，历任晋冀鲁豫军区、中原军区、第二野战军司令员。曾组织并指挥上党战役、邯郸战役、鲁西南战役、淮海战役、渡江战役和西南战役等大规模的战役。

1949年12月，任西南军政委员会主席。1950年冬，领导组建人民解放军军事学院，任院长（后兼政治委员）。1954年起任中央人民政府人民革命军事委员会副主席，国防委员会副主席，军委训练总监部

1947年7月，刘邓大军南渡黄河，跨越陇海路，挺进中原，千里跃进大别山。右图为实景油画。

部长。1957年9月任高等军事学院院长兼政治委员。1959年后曾负责中共中央军委战略研究工作。他为中国人民解放军后来建立各军种、兵种指挥院校和形成比较完整的军事院校体系奠定了基础，为建设现代化、正规化革命军队培养了德才兼备的中高级干部。1955年被授予中华人民共和国元帅军衔和一级八一勋章、一级独立自由勋章、一级解放勋章。任中共第七届中央委员，第八届至第十一届中央政治局委员。任第二届至第五届全国人大常委会副委员长。1966年1月起任中共中央军委副主席。1982年后，由于年龄和健康原因辞去党政军领导职务。1986年10月7日在北京逝世。刘伯承对于游击战、运动战、阵地战和司令部工作等都有独到的论述，其作战谋略和指挥艺术是毛泽东军事思想的重要组成部分。他的主要军事论著收入《刘伯承军事文选》，另有《合同战术》、《论苏军合围钳形攻势》（1949年）等大量译著。

08.左权将军殉难处

场馆概况

左权将军殉难处位于左权县麻田镇的十字岭峰顶。纪念建筑有高70厘米、宽105厘米、厚15厘米的"左权将军殉难处"汉白玉碑一块，"左权将军临时埋葬处"石灰岩碑一块。1985年建起了一座四角正方

左权将军殉难处——十字岭

形的仿明清翼角纪念亭，该亭高5米，建筑面积295平方米，悬挂徐向前元帅亲笔题写的匾额"左权将军纪念亭"。亭正中竖有4.5米高的汉白玉纪念碑，正面刻着"左权同志永垂不朽"，左面和右面分别刻着邓小平、朱德的题词，后面刻着彭德怀撰写的左权同志碑志。主碑四周还竖有8块石碑，镌有朱德、彭德怀、周恩来、刘伯承、邓小平撰写的纪念文章。

➡ 红色链接

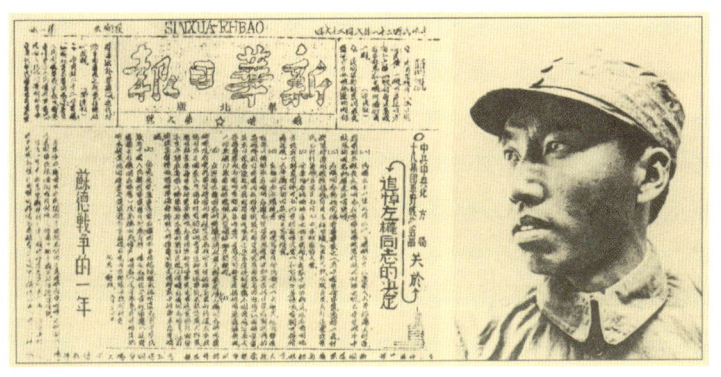

《新华日报》刊登的《关于追悼左权同志的决定》和左权将军遗像。

1942年5月，日军纠集2.5万余重兵对太行山根据地进行大"扫荡"，对八路军前方总部发起铁壁合围，妄图消灭我八路军总指挥部、中共中央北方局等首脑机关，战斗空前激烈。5月24日夜，当总部、北方局等机关和掩护转移部队共1万余人转移到北艾铺十字岭一线时，遭到日军包围。25日拂晓，1万多日伪军从四面合围，在6架飞机掩护下，集中猛烈炮火，轮番轰炸，情况十分危急，我军奋起反击组织突围。激战终日，彭德怀（八路军副总司令）、罗瑞卿（政治部主任）率总部直属队和北方局机关冲出了合围圈，而左权（八路军副参谋长）在指挥后勤人员突围时，不幸被敌炮弹击中，以身殉国，时年37岁。周恩来指出："左权壮烈牺牲，对于抗战事业，真是一个无可补偿的损失。"朱德赋诗悼念："名将以身殉国家，愿拼热血卫吾华，太行浩气传千古，留得清漳吐血花。"

09.大寨展览馆

场馆概况

大寨村位于昔阳县城东南5公里的虎头山下，平均海拔1000米，总面积1.88平方公里。这里地处太行山腹地，由于长期风蚀水切，形成了七沟八梁一面坡的地形地貌。经过几代大寨人的艰辛改造，现在的大寨已成为一个优美的公园山村和农业旅游区。大寨展览馆是一座平面呈倒"山"字形的民族式仿古琉璃瓦建筑，馆内展览了建设新大寨的全过程。该馆是省级爱国主义教育基地，列入全国红色旅游经典景区二期名录。

红色链接

农业学大寨

大寨原是一个生存环境恶劣的小山村。自20世纪50年代开始，在党支部书记陈永贵的带领下，大寨人民开展了以治山治水为重点的农田水利基本建设。经过20余年的奋斗，大寨人把760亩耕地由"三跑田"(跑水跑肥跑土)变为"三保田"（保水保肥保土），创造了亩产500多公斤的纪录。1964年，毛主席向全国发出"农业学大寨"的号召，同年12月，周恩

毛主席题词

来总理在全国人大三届一次会议上所作的《政府工作报告》中指出："大寨大队坚持政治挂帅、思想领先的原则，自力更生、艰苦奋斗的精神，爱国家、爱集体的共产主义风格，都是值得大大提倡的。"大寨被树立为全国农业战线的一面旗帜，"农业学大寨"的口号一时响彻全国，那时的大寨成为许多人心中的"圣地"。据统计，在20世纪六七十年代，国内外前来大寨参观学习的人数达1000万人次。

《农业学大寨》红色海报

毛主席接见陈永贵（右二）等劳动模范。

🚩 红色人物

陈永贵（1914—1986），山西昔阳人，出身贫农家庭。1948年加入中国共产党。新中国成立后，先后任昔阳县大寨村生产队委员、党支部书记、大寨农业生产合作社主任。他积极响应中央"自力更生、艰苦创业"的号召，领导全村群众修造梯田，兴修水利，为改变大寨村贫穷落后的面貌、促进当时山区农业生产发展做出了重要贡献，被评为全国农业劳动模范。先后担任过山西省革命委员会副主任、中共山西省委副书记，被选为中共九届中央委员，十届、十一届中央政治局委员。1975年1月，担任国务院副总理，主管全国农业工作。1980年9月辞去中共中央

1963年8月，昔阳县大寨村遭受特大洪灾，损失巨大。大寨党支部带领群众"先治坡（扶苗、整地）后治窝（修窑盖房）"，力争做到"三不要"（不要国家救济款、救济粮、救济物资），"三不少"（卖给国家征购粮不少、集体储备粮不少、分给社员口粮不少），成为全国农业战线上的一面旗帜。图为大寨党支部书记陈永贵带领群众劳动。

政治局委员和国务院副总理的职务。1986年3月26日因病在北京逝世。

郭凤莲（1947— ），山西昔阳人，1966年1月加入中国共产党。1963年参加了大寨的抗灾自救，同当时的"铁姑娘"们一道投入到了"先治坡后治窝"的劳动中。1964年，年仅16岁的郭凤莲，任"铁姑娘"队队长，战天斗地，改造家乡落后面貌，成了那个特定历史时期一个家喻户晓的人物，曾受到毛主席、周恩来、李先念、邓小平等老一辈无产阶级革命家的热情接见和赞扬。先后任大寨公社党委副书记，革委会副主任，中共昔阳县委委员，中共昔阳县委副书记，山西省革委会副主任。1977年当选为中共十一大代表，中央候补委员。1978年当选为第五届全国人大代表，第十一届全国人大常委会委员。2009年1月18日，荣获第七届中国"十大女杰"荣誉称号。

郭凤莲等"铁姑娘"在田间劳动。

当地美景

大寨 是一个令人神往的地方，这里珍藏着一部创业者的史诗，积淀着中国农民艰苦奋斗的辉煌历史。钟灵毓秀地，今朝更风流。今日大寨，又闪现起一颗耀眼的明珠——虎头山森林公园。这里松柏成林，满山苍翠而静穆，散发出一股清灵之气，蕴含着一种自然美的神韵，吸引着无数中外游客。

虎头山森林公园全景

10.寿阳尹灵芝烈士纪念馆

场馆概况

尹灵芝烈士纪念馆始建于1966年，原址位于寿阳县城北307国道旁。2004年，纪念馆迁建于原馆东1公里处，307国道北面。纪念馆依山就势，分区布局，东西对称。全馆分停车区、瞻仰区、凭吊区三部分。广场纵深构筑八组16级台阶，隐喻烈士就义时年方十六。从停车区拾阶而上，进入瞻仰区，再往北上58个台阶为凭吊区（58个台阶喻比新馆落成于烈士就义58周年），建有墓室和墓碑以及凭吊广场。全馆占地2.6万平方米，建筑面积1834平方米，是山西省爱国主义教育基地。

🚩 红色人物

尹灵芝（1931—1947），寿阳县赵家垴村人，曾任儿童团长和村妇救会主任，1947年6月加入中国共产党，她带领妇女儿童送情报、做军鞋、站岗放哨、火线送饭。1946年后，反奸清算开始，敌人疯狂反扑，尹灵芝的父亲、村农会主席尹尔恭及村中党员被敌人残酷杀害，村公安员投敌叛变。在白色恐怖下，尹灵芝带领群众清算汉奸富农，镇压恶霸地主，在斗争中重建了村党支部，继续带领群众坚持斗争。1947年10月19日，地富纠集"复仇队"，勾结阎军袭击赵家垴，尹灵芝为保护公粮、掩护乡亲们转移不幸被捕，并被带到敌第49师据点宗艾镇，15个昼夜的酷刑折磨，尹灵芝坚贞不屈，视死如归。1947年11月3日，在宗艾镇瑞祥寺戏场，尹灵芝昂首挺立，当众斥敌，面对铡刀英勇就义，年仅16岁。

寿阳县宗艾镇尹灵芝烈士就义处及烈士画像。

🌳 当地美景

方山景区 位于寿阳县城东北约15公里处，总面积约3580公顷。方山自然景观众多，松涛林海、桃源仙境、秋枫丹叶、隆冬白雪、泉水荡漾。年平均气温7.4℃，夏季平均气温17℃，是游人盛夏避暑之胜地。

11.和顺八路军石拐会议纪念园

场馆概况

八路军石拐会议纪念园位于和顺县横岭镇石拐村,占地100亩。纪念园由四部分组成:一是纪念碑,高19.45米,寓意为1945年抗日战争胜利;二是纪念馆,总面积1400平方米,内设展厅4个,面积900平方米;三是石拐会议旧址院落,占地2940平方米,中间是石拐会议的主院,由两个串院组成,主房间为二层,下层石碹窑洞5间,上层木石结构房5间;

四是占地6000平方米的广场,广场南端有两组大型八路军首长雕塑像,东西两侧分别是八路军石拐会议简介和八路军石拐会议纪念园建设情况简介。广场北端建有由"红五星""1937.11.11""八一"数字组成的入园大门。

红色链接

抗日战争全面爆发后,朱德总司令于1937年10月率八路军总部首登太行山。11月7日,朱德总司令和彭德怀副总司令率总部进驻和顺县石拐镇(现横岭镇石拐村),当日召开会议,宣告成立晋察冀军区,创立了第一个抗日根据地。11月11日,八路军总部在石拐召开意义极为深远的高级干部会议。朱德主持会议,参加会议的有副总司令彭德怀、政治部主任任弼时、副参谋长左权、129师师长刘伯承、115师师长林彪、129师政委张浩、129师副师长徐向前，以及薄一波、李富春、李雪峰等党政军首长。会议传达了党中央、毛泽东给总部的指示，具体部署关于进一步发动群众、广泛开展游击战争、建立敌后抗日根据地等工作。此次会议在129师、115师、120师征战史上和八路军的发展史上都具有开创意义，历史学家称为"八路军石拐会议"。

八路军石拐会议旧址

石拐会议不仅是创建以山西为中心三大根据地的里程碑，而且还拉开了以八路军为主体的独立自主山地游击战争的帷幕，使全民抗日烽火从太行山巅燃遍整个华北，为夺取全国抗日战争胜利奠定了坚实的基础。石拐还是抗战时期晋冀豫省委、晋中特委、太行第二军分区、晋东南西盟总会等党政军领导机关长期驻扎之地，被誉为晋中抗日"首府"。

当地美景

太行龙口景区 位于山西省和顺县青城镇百备村境内，这里自然景观别具一格，晨可观云海日出，漂浮变幻无穷，晚看千峰夕照，苍山层层尽染；这里地形险要，山势巍峨，山顶有大草原，地形状若马鞍，硕大无比，坡缓而平，全被密布的小草覆盖，是一处集太行风光、南方秀色、北国草原风貌为一体的独特的消夏避暑自然景点。

12.榆社县烈士陵园

场馆概况

榆社县烈士陵园,始建于1946年,原址在县城北门外,当时占地4.5亩,主要建筑有六角亭一座、广场,亭内立一呈六角状的石碑,下有底座,上有宝顶,造型比较独特。碑上刻130多位烈士的名录,是县城的革命烈士标志性建筑。1989年搬迁于箕城镇板坡村南堰沟,占地126亩。一期工程建有七顶牌楼、两座六角亭,立有青石碑12块,碑面刻有从抗日战争至1989年之前榆社县籍的烈士近1300人。二期工程2014年完成,陵园内建有大型雕塑、展厅、纪念塔等。

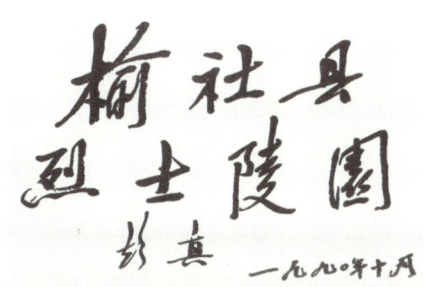

彭真为烈士陵园题名

周边美景（晋中地区）

平遥古城　始建于公元前827－前782年的周宣王时期。城墙周长6157.7米，墙高6－10米；墙外筑护城壕，深、宽各1丈。城内有大量的清朝末年民居、寺庙建筑，与古城墙共同组成完整的平遥古城。它是目前我国唯一以整座古城申报世界文化遗产获得成功的古县城。

乔家大院　地处晋中盆地，位于祁县城东北12公里处的乔家堡村，始建于清代乾隆年间。从高处俯瞰，整体为"囍"字形布局，城堡式建筑，院中有院，院内有园。被专家学者誉为"北方民居建筑史上一颗璀璨的明珠"，素有"皇家有故宫，民宅看乔家"之说，名扬三晋，誉满海内外。

绵山　又称介山，在介休市东南20公里处，以其形势绵亘而得名。绵山为太行山支脉，海拔2072米，方圆百里，绵延起伏。古木参天，绿茵遍地，峡谷幽深，溪涧潺潺，步步有景，景景有典。绵山以其神奇、险绝、自然、秀美的气韵和魅力，成为山西省新兴的旅游胜地。

忻州地区
爱国主义教育基地

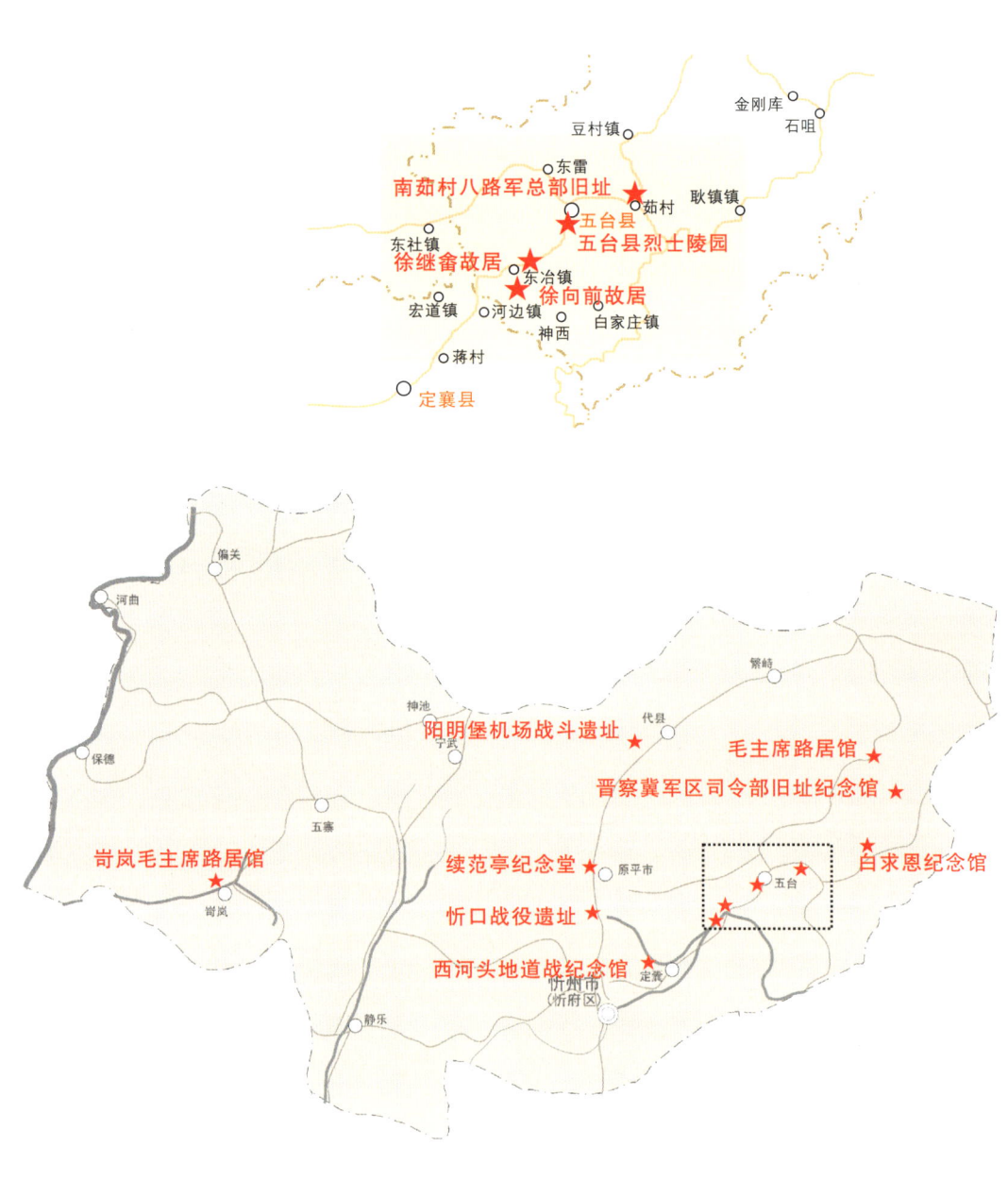

01.五台南茹村八路军总部旧址

场馆概况

南茹村八路军总部旧址位于忻州市五台县南茹村,距五台县城15公里。旧址建于民国初期,总占地面积2400平方米,房屋80间,是典型的北方四合小院。八路军总部政治部、后勤部就设在这里,朱德、彭德怀、任弼时曾在此居住。

南茹村八路军总部旧址全景

主要建筑有八路军总部遗址(两座四合院,下院为办公服务区,上院为6个展厅)和八路军抗战纪念碑,是省级爱国主义教育基地。

红色链接

1937年七七事变后,八路军东渡黄河北上抗日,八路军总部在朱德总司令率领下,由陕西韩城芝川镇渡河开赴抗日前线,1937年9月22日到

南茹村八路军总部旧址

八路军抗战纪念碑

达五台县河边村（今属定襄），翌日，到达五台县城。当日下午，总部进驻五台县城东北15公里的南茹村。

朱德和彭德怀等同志在南茹战斗40余天，帮助南茹村建立了党支部，成立了农会、抗日动员委员会。创建了五台抗日游击队，掀起了减租减息、合理负担运动。美国记者史沫特莱专程从延安来到这里，访问了朱总司令，并合影留念。期间，刘伯承、邓小平、徐向前率领129师，曾路居五台东冶镇，副师长徐向前回到久别的故乡，在东冶沱阳学堂作了抗日救国的演讲。南茹村是八路军总部抗战出征的第一个驻扎地，也是八路军由"北上"改为"南移"的折返

1937年9月，朱德（前）、任弼时（后左二）、林彪（后左一）、聂荣臻（后左三）在南茹村八路军总部。

右起：任弼时、刘伯承、贺龙、朱德、萧克在总部合影。

南茹村八路军总部旧址纪念馆的重要文物——平型关战场上缴获的日军驮炮弹架。

地，更是八路军战略部署重大调整的完成地。八路军总部在南茹村期间，取得了115师的平型关大捷，以及120师的雁门关伏击战、129师的夜袭阳明堡飞机场等战斗胜利；恢复了政治委员制度，并设立政治机关。

02.代县阳明堡机场战斗遗址

遗址简介

代县阳明堡，坐落于雁门关下、滹沱河畔。这里原是一片将近万亩的盐碱荒滩，抗日战争前，阎锡山曾在此建了一个简易飞机场。1937年日军占领代县后，抓来大批民夫，强修扩建，作为日军进攻忻口的后方基地和空中物资转运站。阳明堡飞机场遗址矗立着一座高大的纪念碑，碑上刻有陈锡联将军亲笔题写的"阳明堡飞机场遗址"八个大字。现为山西省重点文物保护单位和省级爱国主义教育基地。

红色人物

陈锡联（1915—1999），湖北黄安（今红安）人。1929年4月参加中国工农红军。1930年加入中国共产主义青年团，同年转入中国共产党。在红四方面军先后任连政治指导员、营政治委员、团政治委员、副师长、师政治委员、师长等职，参加了鄂豫皖苏区历次反"围剿"和开辟川陕苏区的斗争，参加了长征。他作战勇敢，屡建战功，被指战员们誉为"小钢炮"，李先念同志赞誉他"打仗数第一"。

抗日战争全面爆发后,任八路军129师385旅769团团长。1937年10月率部夜袭阳明堡日军机场,取得129师抗日的首战胜利,沉重打击了日军的嚣张气焰,受到八路军总部嘉奖。太原失守后,率部转战正太铁路南侧,与386旅一起粉碎了日军对晋东南抗日根据地的"六路围攻"。1938年4月起,相继任第385旅副旅长、旅长,先后参与指挥了邯长、白晋、武涉等战役。在百团大战中,率部

陈锡联上将

扼守狮脑山,冒着敌机轰炸和毒气袭击,与敌血战数日,截断了正太铁路日军交通。后率部参加邢沙永战役和平汉路破袭战役,取得了辉煌战果。1942年5月,5万余名日伪军对太行根据地进行毁灭性大"扫荡",他在内外线灵活指挥作战,毙伤敌千余名,给进犯之敌以沉重打击。1943年3月任太行军区第三分区司令员,指挥了蟠武战役。在抗日战争期间,陈锡联为太行山抗日根据地的创立、巩固和发展做出了重要贡献。

中华人民共和国建立后,历任中共重庆市委第一书记、市长和川东军区司令员,人民解放军炮兵司令员兼炮兵学院院长,沈阳军区、北京军区司令员,中共中央军委常委,国务院副总理,中共第十届、十一届中央政治局委员等职。1955年被授予上将军衔。1999年6月10日病逝于北京。

红色故事

夜袭阳明堡机场

1937年10月19日天黑后,八路军129师769团各营悄悄地出发了。战士们一律轻装,棉衣、背包都放下了,刺刀、铁锹、手榴弹,凡是容易发出响声的装具,也都绑得紧紧的。长长的队伍,顺着漆黑的山谷神速行进,在向导的帮助下,第3营很快地涉过了滹沱河,逼近机场。战士们爬过铁

丝网，神不知鬼不觉地摸进了日军机场。营长赵崇德带着第10连向机场北端运动，准备袭击敌警卫部队，第11连则直接向机群扑去。

机场上一片寂静，日军正在酣睡。只有几个游动哨兵一会走过来，一会转过去。战士们摸到离飞机50米处时，日军还未发现。第11连2排的战士们最先看到飞机，它们分3排停在那里。多少天来大家日夜盼望着打日军，现在猛然看到敌机就摆在眼前，真是又惊喜又愤恨。不知谁悄声骂道："龟儿子，在天上你耍威风，现在该我们来收拾你啦！"说着就要接近飞机。突然，西北方的敌兵哇啦哇啦地呼叫起来，紧接着响起一连串清脆的枪声。原来10连与敌哨兵遭遇了。就在这一瞬间，10连和11连从两个方向，同时发起了进攻。战士们高喊着猛扑上去，机枪子弹、手榴弹一齐倾泻，团团的火光照亮了夜空，正在机群周围

在夜袭阳明堡机场战斗中，769团3营营长赵崇德光荣牺牲。上图为赵崇德烈士的遗像。

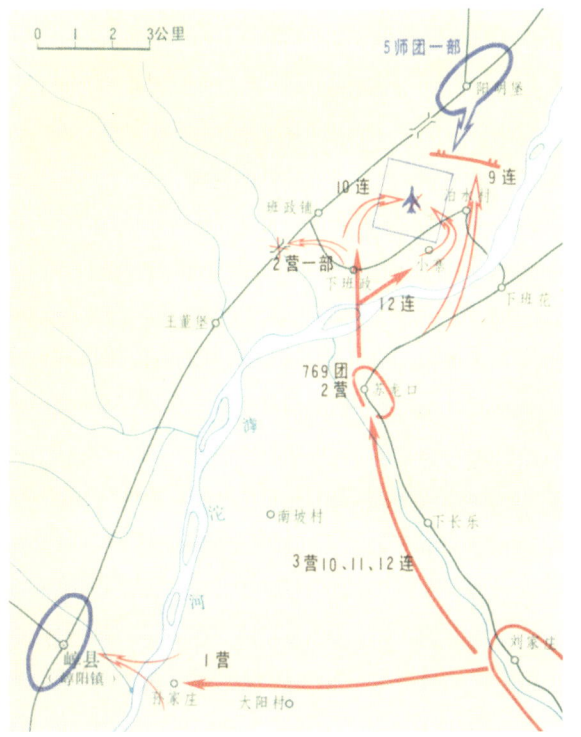

夜袭阳明堡机场要图

巡逻的敌哨兵慌忙应战,和八路军战士绕着飞机互相角逐。机舱里值勤的驾驶员被惊醒了,惊慌中盲目开火,后边飞机上的机枪子弹接连打进了前面的机身。冲进机群中的战士奋力地向飞机轮子、机身下塞手榴弹,向机身顶上甩手榴弹,炸得日军飞机晃动燃烧起来。

夜袭阳明堡机场战斗场景(电影截图)

在战士们一阵猛冲猛打下,敌十余架飞机很快冒烟起火,机场上顿时浓烟滚滚,火光冲天。燃烧的飞机不时地发出爆炸声,火焰腾起几十米高,带火的碎片又溅落到邻近的飞机上,互相引燃,烧得噼啪直响。

机场北端的日军拼命向南冲击,被第10连火力顽强压制,难以有效支援,日军气得眼冒金星。这时,营长赵崇德带一个班来到机场南端,指挥部队快打猛打。他看见机枪班长老李和两个战士正用铁铲猛劈飞机翅膀、机身,赵崇德着急地连续高喊:"别劈了!快炸!手榴弹快往飞机肚子里扔。"战士们急忙把手榴弹往机舱里塞。只听"轰!轰!"几声,两三架飞机燃起大火。火乘风势,风助火威,片刻,滚滚浓烟卷着熊熊的烈火,弥漫了整个机场。

……

日军警卫部队的几次反扑都被击退了,战士们攻击着剩余的几架飞机。营长赵崇德正查看情况时,突然被日军子弹击中,几个战士跑上去将他扶起,他挥着手,用尽力气喊道:"不要管我,快去炸,炸飞……"话没说完,这位1932年参加红军、曾任红31团团长、参加过长征的优秀指挥员闭上了眼睛。战士们更加愤怒了,高喊着"为营长报仇！"抓起手榴弹，抱起机枪，向最后几架敌机冲去。……

经过1个多小时的激战，阳明堡机场上的日军飞机已全部被炸毁、燃烧。日军警卫部队也大部被歼。这时，阳明堡附近的日军已全部出动，乘装甲车急驰增援。3营在接到团部命令后迅速撤出了战斗。

夜袭阳明堡的胜利，使日军一度丧失了空中打击力量，打乱了日军进攻太原的部署，迟滞其进攻忻口的速度。

周边美景

雁门关 位于代县西北20公里的勾注山上，属内长城重要关隘之一，是由西向东横贯恒山山脉的第二个关口。因两山对峙，其形如门，飞雁出没其间，故称雁门关。雁门关东有紫荆关、倒马关，西有宁武关、偏头关，北通大同，南达太原，为南北交通要冲，史称"外壮云州（大同）之藩卫，内固并州（太原）之锁钥"，"咽喉全晋，势控中原"，"得雁门而得天下，失雁门而失中原"，自古以来是兵家必争之地。

雁门关是中国长城关隘重要古战场，尚有"两关四隘口"六大军事防御体系、72处军事设施遗址和"雁门十八隘"、"三十九堡十二联城"等，是一座活生生的军事战争文化宝库。

03.五台白求恩纪念馆

场馆概况

白求恩纪念馆位于五台县耿镇镇松岩口村,由白求恩故居、白求恩模范病室旧址和白求恩纪念馆组成,总面积为1504平方米。内设纪念白求恩陈列室,院中央有7米多高的汉白玉题字塔。是山西省文物保护单位和省级爱国主义教育基地。

红色人物

诺尔曼·白求恩(1890—1939),加拿大共产党员,国际共产主义战士,著名胸外科医师。加拿大安大略省格雷文赫斯特镇人。出身于牧师家庭。青年时代,当过轮船侍者、伐木工、小学教员、记者,致力于反法西斯斗争。抗日战争爆发后,为了援助中国人民的解放事业,1938年3月率领一支由加拿大人和美国人组成的医疗队来到延安。8月,任八路军晋察冀军区卫生顾问,悉心致力于改进部队的医疗工作和战地救治条件,降低伤员的死亡率和残废率。组织制作各种医疗器材,给医务人员传授知识,编写医疗图解手册。

倡议成立了特种外科医院，举办医务干部实习周，加速训练卫生干部。为减少伤员的痛苦、降低残废率，他把手术台设在离火线最近的地方。11月底，率医疗队到山西雁北进行战地救治。

1939年2月，率18人的"东征医疗队"到冀中前线救治伤员。在4个月的时间里，行程1500余里，做手术315次，建立手术室和包扎所13处，救治伤员1000多名。

1939年10月下旬，在涞源县摩天岭战斗中抢救伤员时左手中指被手术刀割破，后来给一个外科传染病伤员做手术时受到感染，他仍不顾伤痛，坚决要求去战地救护伤员。他说："你们不要拿我当古董，要拿我当一挺机关枪使用。"后终因伤势恶化，转为败血症，医治无效，于11月12日凌晨在河北省唐县黄石口村逝世。

1938年4月，白求恩从延安出发东渡黄河，奔赴华北抗日前线。

1938年9月15日，聂荣臻、白求恩等在松岩口模范医院开诊典礼后合影。左起：胡仁奎、聂荣臻、邓拓、白求恩、宋劭文、潘自力。

1939年11月，白求恩在前线抢救伤员的情景。

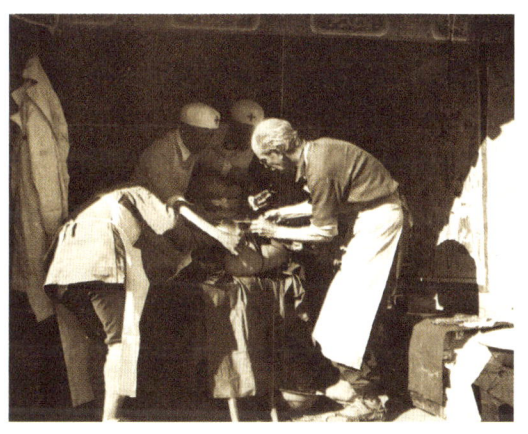

山西省爱国主义教育基地巡礼

🔴 红色链接

白求恩模范病室

建于1938年9月15日，原建筑是在一个寺庙内。由于战争的残酷和日军严密封锁，晋察冀边区医疗器械供应非常困难，白求恩同志为改进战场救治条件，组织医务人员和当地的木工、铁工，制作了各种铁夹板、拐子、靠背、药盘、病床以及伤员日常适用的用具，经过5个多星期，把一个设备简陋的医疗所改建成一个比较正规的医院，被晋察冀军区司令部命名为"白求恩模范病室"。

白求恩模范病室旧址

白求恩模范病室在1940年被日本侵略军烧毁，现在的旧址是1974年按原貌重新修建的。

🚩 红色传承

白求恩名言

我拒绝生活在一个制造屠杀和腐败的世界而不奋起反抗。

一个医生，一个护士，一个护理员的责任是什么？只有一个责任。那责任是什么？那责任就是使我们的病人快乐，帮助他们恢复健康，恢复力量。你必须把每一个病人看作是你的兄弟，你的父亲。因为，实在说，他比父兄还亲——他是你的同志。在一切的事情当中，要把他放在最前头。

伟大的国际主义战士白求恩

让我们把利润、私人经济利益从医务界里取消，把贪得无厌的个人主义从我们的职业中清除。让我们把靠自己同胞的痛苦发财当作可耻的事情。让我们重新来规定医务界的道德标准——不是作为医生之间职业上的一种成规，而是作为医务界和人民之间的基本道德和正义准则。

让我们不对人民说："你们有多少钱？"而说："我们怎样才能最好地为你们服务？"

★ 红色经典

毛泽东《纪念白求恩》一文（节选）：

一个外国人，毫无利己的动机，把中国人民的解放事业当作他自己的事业，这是什么精神？这是国际主义的精神，这是共产主义的精神，每一个中国共产党员都要学习这种精神。

白求恩同志毫不利己专门利人的精神，表现在他对工作的极端的负责任，对同志对人民的极端的热忱。每个共产党员都要学习他。

我们大家要学习他毫无自私自利之心的精神。从这点出发，就可以变为大有利于人民的人。一个人能力有大小，但只要有这点精神，就是一个高尚的人，一个纯粹的人，一个有道德的人，一个脱离了低级趣味的人，一个有益于人民的人。

电影《白求恩——一个英雄的成长》，1990年由八一电影制片厂、中国电影公司、加拿大国际影视公司、法国埃菲尔·贝尔斯塔影片公司联合出品。

电影《白求恩大夫》，1965年由海燕电影制片厂、八一电影制片厂联合出品。

电视剧《诺尔曼·白求恩》。

04.定襄西河头地道战纪念馆

场馆概况

西河头地道战纪念馆，又名定襄革命历史纪念馆，位于定襄县城西2公里处的西河头村，占地面积11 735平方米，建筑面积1583平方米。由定襄革命历史纪念馆和西河头地道战纪念馆两部分组成。2006年进行了改陈布展，馆内收藏图片158幅，各种图表16张，实物122件。现为山西省爱国主义教育基地。

红色链接

1940年，百团大战告捷后，惨败的日军向晋察冀边区军民实行了野蛮的"三光政策"。定襄境内的日军也对西河头、炭窑沟、藏孤台等13个村庄进行了洗劫，先后制造了8起惨案，枪杀百姓400多人，烧毁民房2000余间。为了躲避日军的烧杀抢掠，我抗日军民遵照毛主席"保存自己，消灭敌人"的积极防御思想，依据当地的地形条件，挖掘了大量的地下隧道。地道战是平原地区抗

民兵从地道转到房顶对敌作战

日军民创造的与优势装备的敌人进行战斗的一种有效形式,它进可以攻,退可以守,既有利于小分队活动,又便于大部队隐蔽;不仅可以利用地道打击敌人、保存自己,还可以主动出击,在游击战中显示出巨大的威力,演出了一幕幕威武雄壮的活剧,载入了人民战争的史册。据统计,从1942年开始至解放战争时期的1948年,定襄全县150多个村庄,就有80多个村庄挖了地道,地道总长200公里,构成了一座密如蛛网的地下长城。地

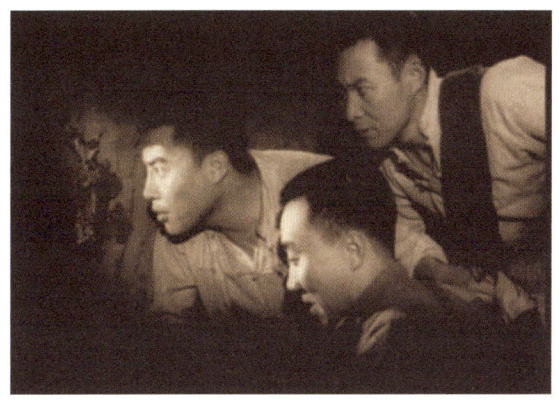

通过地道孔观察敌情(《地道战》截图)

地道隐蔽出口

道分3层,第二层有指挥室、休息室、储藏室;第三层有机要室、武器库、会议室。地道有出入口、出声口、卡口、暗枪眼、陷阱、地堡等装置设施,能防水、防烟、防毒。

西河头地道战遗址,是抗日战争、解

地道内爬梯

放战争时期中国共产党领导的当地军民对敌斗争的一处重要战争遗址。它与河北冉庄、北京焦庄户一起并称为全国三大地道战遗址。地道战战术是毛泽东人民战争思想的生动体现，是开展武装斗争的伟大创举。

红色经典

"地道战，嘿！地道战，埋伏下神兵千百万……"这熟悉的旋律使人听后顿时热血沸腾，爱国情结又一次在心中涌起。

电影《地道战》主要讲的是1942年到1944年，为了粉碎日军的"扫荡"，人民群众在党的领导下，利用地道战打击日本侵略者的故事。

连环画《地道战》插图

《地道战》是20世纪60年代中国战争电影的经典之作，创出共18亿人次观看的纪录。

05.岢岚毛主席路居馆

场馆概况

毛主席路居馆位于岢岚县城小东街25号，是一座四合大院，建成于1924年，占地面积913平方米，建筑面积503平方米。现有馆藏革命文物32件，民国时期的文

物有22件。2003年，在毛泽东同志诞辰110周年之际，岢岚县对路居馆进行修缮，并组织举办了"岢岚是个好地方"主题展览，展览以500余幅图片和30余件实物，向世人展示了伟人风采和地灵人杰、妖娆美丽的岢岚。该馆是省级爱国主义教育基地。

➡ 红色链接

1948年春，为迎接即将到来的全国范围的胜利，毛泽东、周恩来、任弼时率中央机关由陕北向华北转移。4月4日下午到达岢岚。毛主席等中央领导登上了城墙，俯瞰塞上山城的全景，饱览春日融融的晋西北风光。4月5日早晨，毛主席会见正在参加"三干会"的200多名代表，向大家讲了三个问题：第一，赞扬岢岚是个好地方；第二，土改和纠偏问题；第三，发展生产，

"岢岚是个好地方"

改善群众生活问题。之后，毛主席和中央领导乘车向五寨方向进发。经过五寨、神池、代县、五台山，翻过雄伟的太行山，沿着河北的阜平、城南庄、栖霞关等地，于5月26日顺利到达河北省平山县西柏坡村，完成了中央机关的战略大转移。

毛主席和中央领导一行路经岢岚虽然只停留了一个晚上，但毛主席游览了古城墙，饱览了晋西北风光，听了当地干部的汇报，对岢岚有了一个美好的印象，留下了"岢岚是个好地方"的赞语。60年来，这句话成了当地人民巨大的精神动力，鼓舞着广大干部群众，不断以加速发展的态势改变着贫困落后的面貌。

当地美景

宋长城 位于岢岚县城北1公里处，沿东山、王家岔乡至高龙峁大梁，蜿蜒直抵大庙山顶，连绵30多公里，最高处达3米，顶宽1.6米，为全国仅存的宋代所建长城。

原始次森林 岢岚县的神堂坪乡、王家岔乡和宋家沟乡与管涔山国家森林公园相连，到处是茂密的森林，树种以落叶松和云杉为主，山上有党参、黄芪等400余种中药材，还有世界珍禽褐马鸡、黑鹳、金雕、小天鹅、金钱豹等160余种珍稀野生动物。

荷叶坪高山草甸 距岢岚县城东北38公里处，有华北特大草甸荷叶坪，海拔2784米，因其山顶平而圆，状似荷叶而得名。

06.忻口战役遗址

遗址简介

忻口战役战备窑洞

忻口战役遗址，位于忻州市区北25公里忻口村一带。由战备窑洞、日军遗留罪证碑、忻口抗战纪念墙组成。战备窑洞在忻口村北的后沟至红崖湾，用石头、水泥筑成，共47孔，是当年指挥作战、储放弹药、安置伤员之处。罪证碑是日军侵占忻口后，为炫耀其"战绩"所立石碑，共两通，分别在忻口村东和下王庄公路旁。忻口抗战纪念墙是新中国成立以后所立，位于忻口村的半山坡上，长12米，墙顶高耸群雕，再现了当年中国军队保卫国家的英雄气概。现为山西省爱国主义教育基地。

➡ 红色链接

忻口战役

抗战初期,日本侵略者依仗其军事上的优势,对华北、华中展开大规模战略进攻。1937年9月,沿平绥铁路推进的日军进入山西北部,先后攻破雁门关、平型关。为挽救山西危局,保卫太原,中国军队决定利用忻口要隘进行正面防御,阻敌南下。忻口战役总指挥由第二战区前敌总司令、第十四集团军总司令卫立煌担任。参加作战的部队有阎锡山的晋绥军、国民党的中央军和中国共产党领导的八路军。10月12日夜,忻口战役打响了。从云中河桥上正面进攻忻口的敌军,遭到我军英勇还击,屡屡受挫后撤退。13日拂晓,日军向忻口全线发起猛攻。首先由飞机侦察扫射,继而以火炮轰击,然后用装甲车、坦克车向阵地攻击,紧接着是难以数计的骑兵、步兵,组成陆、空、炮的密集火力网,向我守军阵地

1937年9月,朱德总司令(右)与第二战区司令长官阎锡山商谈共同抗日问题。

猛扑而来。霎时,忻口一线战场弹雨纷飞、硝烟弥漫、枪炮声轰鸣、喊杀声震天,空中不见太阳,到处火海烟尘。我军官兵冒着枪林弹雨,同敌人展开了生死拼搏,一次又一次地打退了敌军的猖狂进攻,公路、铁路桥安然无恙,阵地一寸未丢。14日晨,日军再次实施强攻,激战七八

个小时，直至下午3时，敌人又败退下去。这场恶战，敌我双方均伤亡惨重，但我守军依然士气高涨，誓与阵地共存亡。10月15日，敌坂垣师团主力牛岛旅团及一个联队，集中坦克30余辆、火炮百余门，在空军的掩护下，向我左翼战区大白水阵地发动全线猛攻。14军军长李默庵率彭杰如第10师和刘戡第83师在大白水正面与朦腾交界之西侧，奋勇抗击敌军。八路军120师在敌后方与左翼兵团协同作战，使日军腹背受敌，损兵折将5000余人。我右翼战区从13日开始，多次击退敌军进攻，战斗进行得十分激烈，情况紧急时将从附近村庄搜集回的大刀、长矛、钢叉等都用上了。右翼兵团虽然付出了伤亡5000余人的代价，但是粉碎了敌人一次又一次的疯狂进攻，完成了阻击任务。10月16日，日军集中兵力向我中央地区

忻口战役期间，中国军队充分利用这些窑洞，指挥作战、储放军火、安置伤员、隐藏战马。

1937年10月18日，120师在雁门关以南伏击日军汽车运输队，歼灭日军300多人，毁敌汽车20余辆，一度切断了忻口正面之敌的地面补给线。图为120师师长贺龙（右一）与周士第、关向应、甘泗淇在前线观察地形。

和左翼地区的结合部发起强攻，企图夺取忻口。我军奋勇阻击，与敌展开了异常艰难的阵地争夺战。这一战，6000名官兵浴血忻口，郝梦龄军长、刘家麒师长、郑廷珍旅长壮烈殉国。就在忻口正面战场激烈争夺的同时，我八路军在同蒲路和正太路日军侧翼和后方采取袭击和伏击等战

中国军队坚守阵地

利用轻机枪对日本飞机射击

术积极打击与牵制敌人。先后取得了宁武、冯家沟、雁门关、阳明堡、七亘村、黄崖底、广阳等百余次战斗的胜利，断绝了日军的交通运输线，大大减轻了国民党部队的正面压力，有力地配合了忻口中国守军的作战。

忻口战役在我国抗日战争史上，有着十分重要的战略意义，创歼敌逾万的战绩纪录，不仅是国共两党团结协作、联合抗日的成功战例，而且是国共两军阵地战、游击战相互密切配合的典型战例，是抗日战争初期华北战场上的一幕彪炳史册的悲壮的历史画卷。

07.五台徐向前故居

场馆概况

徐向前故居位于五台县城西南15公里的东冶镇永安村，始建于清道光元年（1821年），坐北朝南，占地330平方米，是一幢典型的晋北四合院式的建筑。院内正面为主房，两侧是厢房。主房分上下两层，是徐帅青少年时期生活和学习的地方。故居前

院正中塑有高2.1米的徐帅半身铜像。铜像后建有影壁，其上刻有江泽民题写的"功勋垂青史，楷模昭后人"。后院的展览共收集了有关徐向前元帅战斗、生活、工作的珍贵照片426幅，以及珍贵的实物70余件，同时还展出了江泽民、陈云、李先念、聂荣臻、王震等党和国家领导人为徐向前同志的题词。徐帅故居是省级重点文物保护单位，全国爱国主义教育示范基地，2005年列入全国红色旅游经典景区名录。

红色人物

徐向前（1901—1990），原名徐象谦，字子敬，山西五台人，是伟大的无产阶级革命家，杰出的军事家、政治家，中国人民解放军缔造者和领导人之一，中华人民共和国元帅。

徐向前元帅

1924年4月考入黄埔军校第一期。1927年3月，加入中国共产党。1937年8月，任八路军129师副师长。1938年4月，率129师和115师各一部进入河北省南部，创建冀南抗日根据地。解放战争时期，先后任晋冀鲁豫军区副司令员、华北军区副司令员兼第一兵团（后改为中国人民解放军第十八兵团）司令员兼政治委员。

1924年底，黄埔同学徐向前（后排左一）、邓中夏（前排右四）、贺昌（前排右五）等在广州六榕寺。

1937年，八路军129师副师长徐向前在晋东南。

1947年12月至1949年4月，先后组织指挥运城战役、临汾战役、晋中战役和解放太原战役，为中国人民的解放事业做出了巨大贡献。

中华人民共和国成立后，任人民解放军总参谋长。1954年起，任中央人民政府人民革命军事委员会副主席，国防委员会副主席。

1955年被授予中华人民共和国元帅军衔。曾获一级八一勋章、一级独立自由勋章、一级解放勋章。

1990年9月21日在北京逝世。

✦ 红色经典

电视剧《向前，向前》，讲述了1947年至1949年间，徐向前和他的老师、同乡阎锡山在山西战场斗智斗勇的故事。徐向前在兵力对比悬殊、装备处于劣势的条件下，精于谋略，指挥果断，敢打敢拼，先后发动了运城战役、临汾战役、晋中战役和太原战役，使阎锡山部节节败北，最终全部被消灭。

新闻纪录片《徐向前》，1986年9月由中国人民解放军八一电影制片厂出品，展现了徐向前元帅自1924年至1984年60年的革命历程。

当地美景

河边民俗馆 位于定襄县城东北22公里的河边村，建于1931年前后，原为阎锡山旧居。整个建筑群坐东向西，分为上下两院，前后为东西花园。有都督府、得一楼（又名昌春楼）、上将军府、二老太爷府、穿心院、新南院、东花园、西花园以及子明慈幼院等，大小共27个院落，近千间房屋（现存700余间），总占地面积3.3万多平方米。其建筑宏伟，飞檐走兽，雕梁画栋，十分讲究。

民俗馆大院

民俗馆碉楼

08.五台山毛主席路居馆

场馆概况

毛主席路居馆位于五台山台怀镇塔院寺方丈院，占地面积750平方米，于1969年建成，2005年进行了修缮。正殿大厅陈列毛主席汉白玉雕像，张震将军1992年题字"毛泽东思想永放光芒"，华国锋1991年题字"飞雪迎春"，两侧为毛主席居室和江青居室。东展厅陈列"毛主席1948年在山西"图版展览，毛主席离陕赴冀途经山西路线图和周恩来居室、陆定一居室。西展厅陈列任弼时居室和"五台山抗日革命斗争史"图版展览，分8个版块，共108幅图片。

红色链接

毛主席题词："从建立山西的五台山到建立全中国的五台山，争取最后的胜利！"

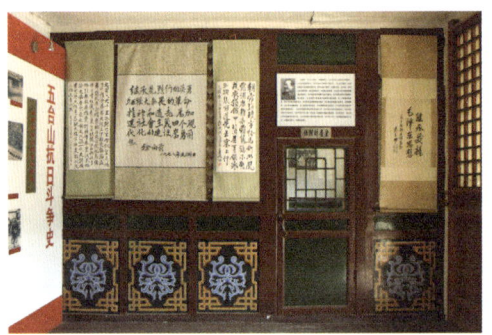

路居馆展厅陈列

1948年3月23日，在西北战场人民解放军转入进攻形势下，毛泽东、周恩来、任弼时等中央领导率领前委机关3000多人，离开陕北，东渡黄河，途经山西，于4月9日路居五台山，住在塔院寺方丈院。毛主席观赏了青、黄庙古迹，访问了汉、蒙、藏同胞；勉励农民努力发展生产，武装起来保卫胜利果实。次日，从五台山出发，经长城岭，前往河北省平山县西柏坡。

毛主席路居旧址院落

🌳 当地美景

五台山 位于忻州五台县境内，属太行山脉，最低处海拔仅624米，最高处海拔达3061米，层峦叠嶂，奇峰灵崖，与浙江普陀山、安徽九华山、四川峨眉山并称为四大佛教名山。五台山主峰五座，东台望海峰可看云海日出，南台锦绣峰是花的海洋，西台挂月峰可赏明月娇色，北台叶斗峰可览群山层叠，中台翠岩峰可见巨石如星，更有天造奇观"热融湖""龙翻石""写字崖""佛母洞"等。五台山历史悠久、文化灿烂、古建成群、文物荟萃、珍品云集，现存寺院48处，是中国古建筑、雕塑、绘画的艺术宝库。作为文化景观，被列入《世界文化遗产名录》。

中心地区台怀镇，距五台县城90公里，忻州市160公里，山西省会太原市240公里。

显通寺千钵文殊殿

佛光寺唐塑

09.原平续范亭纪念堂

场馆概况

续范亭塑像

续范亭纪念堂坐落在原平市范亭中学校园西南角，1952年始建于崞县，1993年，随校迁至现址。纪念堂由三个展厅组成，占地面积2.65亩，建筑面积364平方米。坐北向南。整个建筑为明清古建筑风格的四合院，清静幽雅，古色古香。

纪念堂由正、东、西、南4个展厅组成，展厅以大量的图片、资料、报纸等展示了续范亭将军可歌可泣的一生，以及毛泽东、周恩来、朱德、刘少奇、任弼时、邓小平、叶剑英等老一辈无产阶级革命家致续范亭将军的信函、题赠、挽词、唁电等，还有各级领导、名人参观纪念堂即兴书写的字画条幅。是山西省爱国主义教育基地。

红色人物

续范亭（1893—1947），名培模，字范亭，山西原平人。早年参加孙中山领导的同盟会。1911年辛亥革命时，任革命军山西远征队队长，曾率队奇袭大同。1913年入保定军校，翌年因反对袁世凯遭通缉西走华山聚义。1915年参加护国军讨袁。1918年再入保定军官教育团学习。1924年后，任国民军第3军第6混成旅旅长、国民联军军事政治学校校长等职。1927年任联军军政学校校长，后在西北军中长期任参谋长、总参议。九一八事变后，积极呼吁团结抗日。1935年在南京参加国民党五大时，因抗日的呼吁不受采纳而到南京中山陵剖腹明志（遇救未死），此举震动全国。1936年参加"西安事变"。1937年抗战爆发后，任第二战区战地总动员委员会主任委员，与共产党人合作创建山西新军。1939年，阎锡山发动"十二月事变"，密谋消灭晋西北抗日武装时，他亲赴八路军120师第358旅通报情况，研究对策，并参与指挥反击国民党顽固派军队的临县战斗。1940年任新军总指挥、八路军晋绥军区副司令员。1941年赴延安疗养。1947年9月12日病逝于山西临县。中共中央根据其临终申请，追认他为正式党员。

续范亭将军

续范亭是由爱国主义走向追求共产主义，由旧式军人不断进取、跟随时代潮流转变为坚强的革命斗士的典范。

➡ 红色链接

1931年九一八事变发生后，续范亭深感民族危机严重，呼吁抗日，反对妥协，但蒋介石政府顽固坚持"攘外必先安内"的方针，拒不纳谏。1935年秋，续范亭以老国民党员和西北地区代表身份前往南京，参加国民党第五次代表大会。到会后，他找到许多国民党要人呼吁抗战，看到的却是歌舞升平和追官逐利的景象，大会临近结束，他们仍对抗日救国毫不提及，续范亭悲愤至极。他慨然道："大丈夫流血不流泪，只有用热血才能把这些败类冲到人类行列之外！"12月26日，续范亭久久伫立在南京中山陵堂前，想着这次满怀希望来呼吁团结抗日，却一切都落了空，不禁吟起自己的诗："谒陵我心悲，哭陵我无泪，瞻拜总理陵，寸寸肝肠碎。战死无将军，可耻此为最，腼颜事仇敌，瓦全安足贵？"他向中山先生陵寝三鞠躬后，解开衣襟，抽出短剑向自己的腹部刺去。续范亭的壮举，是对蒋介石不抵抗政策的有力揭露和抗议，激励了全民的抗日热情。"赤膊条条任去留，丈夫于世何所求？窃恐民气摧残尽，愿将身躯易自由。"这首诗便是当时写的。

这位一腔血气的爱国将领，是中国共产党的真诚朋友，临终前又提出入党申请。病逝后，毛泽东亲笔题写挽词：为民族解放，为阶级翻身，事业垂成，公胡遽死？有云水襟怀，有松柏气节，典型顿失，人尽含悲！

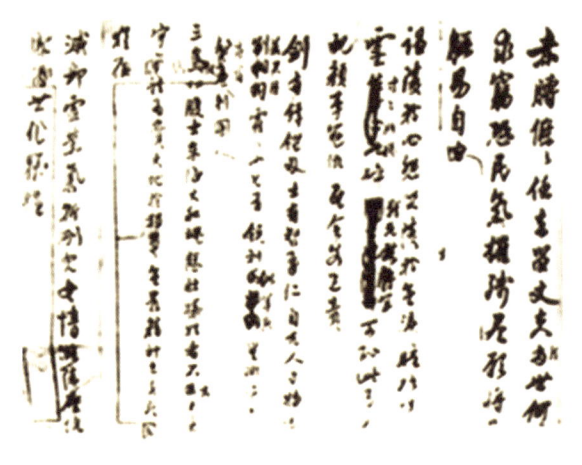

续范亭明志诗手稿

🚩 红色传承

遗著有《续范亭文集》等。

原平县城内建有范亭中学。

10. 五台县烈士陵园

场馆概况

五台县烈士陵园建于1976年，占地面积18.3亩，坐落于台城镇西庄村，陵园坐西朝东，由革命烈士纪念碑、革命烈士纪念厅、五台人民抗日和解放斗争史展厅三部分组成。矗立在园中央  的革命烈士纪念碑雄伟壮观，仿天安门广场人民英雄纪念碑建造，青石基座，青石栏杆，汉白玉碑身，正面为聂荣臻元帅的题词，背面为徐向前元帅的题词。革命烈士纪念厅总建筑面积260平方米，厅内安放着徐向前元帅的骨灰，厅内墙壁上镌刻着2445名烈士的英名，正北和正南面主要展出了五台人民在抗日战争和解放战争中的丰功伟绩及部分重要历史文物。另存有杨成武将军的题词和晋察冀边区出版的《抗敌报》影印件，均为珍贵历史文物。现为山西省爱国主义教育基地。

11.五台晋察冀军区司令部旧址纪念馆

场馆概况

晋察冀军区司令部旧址纪念馆位于五台县金岗库乡金岗库村，是2003年11月在军区司令部旧址的基础上修建的，为北方典型民宅建筑，坐西向东，两进三院，占地面积1200平方米。有聂荣臻旧居、作战室、机要室、参谋处等。纪念馆现有陈列室

21间，展厅4个。布展内容由三大部分组成：《铁血长城》晋察冀军区司令部抗战史迹展，《千秋风流一元戎》聂帅生平展，晋察冀军区初创时期的照片、文物等。1986年旧址被山西省人民政府列为重点文物保护单位，1995年被山西省委、省政府确定为省级爱国主义教育基地，2005年列入全国红色旅游经典景区名录。

红色链接

1937年11月，时任八路军115师副师长的聂荣臻受命创建晋察冀敌后抗日根据地。1937年11月7日，晋察冀军区在五台县石咀普济寺成立，聂荣臻同志任司令员兼政委。1938年3月8日，聂荣臻司令员率军区指挥机关进驻金岗库，司令部就

晋察冀军区司令部旧址纪念馆俯瞰图

设在这所院子里,从这里起始创建了第一个敌后抗日根据地,领导和组织了当时的抗日战争和地方革命。到年底,晋东北大部分县先后建立了党、政、军、群组织。晋察冀军区是我党、我军抗战初期深入敌后创建的第一个最前线的军事指挥机关,在整个抗日战争史上发挥了极为重要的作用,写下了光辉篇章。

🚩 红色人物

聂荣臻(1899—1992),四川江津人。1919年10月赴法国勤工俭学,1922年参加旅欧中国少年共产党。1923年3月加入中国共产党,1924年到苏联学习,次年9月回国,任黄埔军校秘书兼政治教官。参加了北伐战争、南昌起义、广州起义,任11军党代表。

土地革命战争时期,任中共前敌军委书记。1929年8月任中央军委参谋长。1931年底进入中央

聂荣臻元帅

革命根据地,先后任中国工农红军总政治部副主任,第一军团政委,红军东路军政委,参与指挥漳州战役,率部参加第四、第五次反"围剿"。1935年1月召开的遵义会议上,坚决支持毛泽东的正确主张。

抗战时期,任八路军115师副师长、政委,中共中央晋察冀分局书记、军区司令员兼政委。解放战争时期,任晋察冀军区司令员兼政委,中共晋察冀中央局书记,中共中央华北局第三书记,华北军区司令员,中国人民解放军副总参谋长,平津卫戍区司令员,北平市军管会主任、市长。

新中国成立后,历任中央军委秘书长兼中国人民解放军代总参谋长,国防委员会副主席,中央军委副主席,国务院副总理兼国家科委主任、国防科委主任。1966年在中共八届十一中全会上增选为中央政治局委

员。十一届、十二届中央政治局委员。第四、五届全国人大常委会副委员长。

1955年被授予元帅军衔。曾获一级八一勋章、一级独立自由勋章、一级解放勋章。

1992年5月在北京逝世，终年93岁。

聂荣臻在晋察冀军民反敌"八路围攻"中亲临前线指挥作战。

1937年10月，聂荣臻奉命率115师一部留守五台山。11月7日成立了晋察冀军区，创建了晋察冀（北岳）抗日根据地。随后又开辟了冀中、平西、冀东等抗日根据地。上图为军区司令员兼政治委员聂荣臻1938年在五台县金岗库村清水河畔。

12.五台徐继畬故居

 场馆概况

徐继畬故居位于五台县东冶镇东街朝元巷。此巷基本保持清代原貌。一条幽深而平整的青石道向内延伸，将两旁的深宅大院连为一体。清代时故居占地很大，原来的大宅院现已被分隔成小的一家一户，住户多为徐姓，大部分是徐氏后人。巷北

尽头有两座院落，向东为"传清白"，即书房院；向北为"惠迪吉"，是一处两进院，正房是二层小楼，是徐继畲的堂叔徐寅第在道光初年修建的。外院已建有现代水泥浇制的小屋，在进入里院处建有精致的大门，从外面、从里面看都各具特色，玲珑别致。

历史人物

徐继畲（1795—1873），字健男，号松龛，山西五台县东冶镇人。他是中国近代最早介绍西方资产阶级民主政治的启蒙思想家，又是著名的地理学家，在文学、历史学、书法等方面也成就斐然。

自幼受过良好的家庭教育和儒学的熏陶，曾随父寓居京师，师从著名文学家高鹗等名人，官至福建巡抚，总理衙门大臣，首任总管同文馆事务大臣。他将父亲徐润第的著作编为《敦艮斋遗书》，阐明傅山的

"空灵法界"，完成迎接西方挑战的思想准备。鸦片战争后，他开放了厦门、福州，面对面请教西方人。1848年出版了跨越障碍的政治地理著作《瀛环志略》，引进西方民主思想，对当时和后来国人的思想开放和正确认识外部世界产生过重要影响。他也是中国历史上第一任主管对外通商的官员。1867年，他总管同文馆，制定了"兼容并包，智周无外"的教育方针，中国历史上最早的出国留学生就是由同文馆开始选派。同治八年（1869年）以老病告归，十二年（1873年）卒于家乡，享年79岁。曾任山西巡抚，且与徐继畲具有同殿为臣之谊的曾国荃（曾国藩之弟）为其撰写了墓志铭。

历史链接

《瀛环志略》及"华盛顿纪念碑"上的中文碑文

《瀛环志略》

《瀛环志略》初名《舆地考略》，道光二十四年（1844年）初稿完成，道光二十八年（1848年），初刻于福建抚署。

《瀛环志略》全书共分10卷，总、分图共42幅，系统而真实地介绍了世界各国的地理疆域、风土人情、历史沿革、财政收入和陆、海军规模，以及对海外的扩张与中国的交往等情况，可谓中国近代史上水平最高的世界地理书籍。它纠正了国人对外部世界的不少错误观念，使中国人有关"天下"的概念得到了极大的延伸，在中国近代思想史上占有重要的地位，多次重刻。

该书最有特色的是对西方的民主政治制度作了重点介绍。这部分内容的撰述，已经超出了过去和现在一般地理书籍的范畴，徐继畬透过器物的表面，看到了西方强国在政治制度、经济制度以及文化等方面的先进性，并给予高度评价。

华盛顿纪念碑是美国首都华盛顿的地标，高169米，是世界上最高的石制建筑。1848年，华盛顿纪念碑奠基，并在此前向各州及世界各国征集纪念物。咸丰三年（1853年），浙江宁波府向美国赠送了块花岗岩石碑，其上用中文雕刻了徐继畬赞扬美国民主制度的创立者华盛顿总统的两段按语。这块石碑至今仍镶嵌在纪念塔西壁，成为中美早期文化交流和友好关系的里程碑。

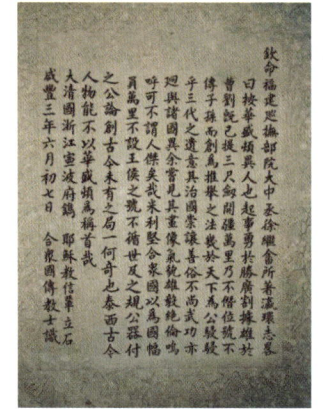

华盛顿纪念碑文

长陷古城地区

爱国主义教育基地

01.武乡八路军太行纪念馆

场馆概况

八路军太行纪念馆位于武乡县城，1988年开馆，邓小平同志亲笔题写馆名，2005年改陈扩建，它是全国唯一一座反映八路军抗战历史的大型综合纪念馆，是全国爱国主义教育示范基地、

八路军太行纪念馆

全国红色旅游经典景区、国家一级博物馆、全国党风廉政教育基地。

纪念馆建筑宏伟、景色秀美，背倚凤凰山，襟带马牧河，馆区总占地面积45万平方米，建筑面积1.6万平方米，主要由八路军抗战史陈列馆、八路军窑洞战景观、八路雄风碑林公园、八路军抗战纪念碑、百团大战半景画馆、八路军纪念广场等景点组成。八路军抗战史陈列展线长1450米，陈列共分7个部分，展出各类图片、图表609幅，文物1037件（套）。主展馆背后的凤凰山建有八路雄风碑林公园。山顶巍峨耸立着八路军抗战纪念碑，碑高19.37米，寓意八路军创建于1937年；碑体两侧谷穗与长枪组成的图案，寓意八路军"小米加步枪"打败了日本侵略

八路军纪念广场

军。纪念碑后面的青铜浮雕墙再现了八路军从改编出师到抗战胜利这一波澜壮阔的历史场面。纪念馆前是八路军纪念广场，由主题雕塑、抗战音乐喷泉等组成。

八路军抗战纪念碑

🔴 红色链接

八路军主题雕像

国民革命军第八路军（简称"八路军"），是由中国工农红军改编的，是中国共产党领导和指挥的人民军队，是中国人民解放军的前身。在抗日战争的艰苦岁月里，在血与火的洗礼中，这支人民军队在中国共产党的领导与指挥下，在全国各族人民的帮助和支援下，在以华北为主要战场的广阔国土上，与凶恶的日本侵略者和伪军进行了长达八年的殊死搏斗，先后作战9.98万余次，歼灭日伪军124万余人，缴获各种枪支45.5万余支（挺），攻克县城312座，打退了国民党顽固派的猖狂进攻，收复

浴血奋战（油画）

了大片沦陷的国土，拯救了受难的广大同胞，挽救了危亡中的中华民族，取得了抗日战争的伟大胜利，在中华民族反对外来侵略的历史上写下了光辉灿烂的一页。在八年的浴血奋战中，八路军不断发展壮大，由抗战初期的4.6万人，发展到抗日战争结束时的102万余人，成为一支威武雄壮的胜利之师，为夺取解放战争的胜利，解放全中国，奠定了坚实的基础。

🚩 红色传承

太 行 精 神

太行精神是在国家和民族处于危亡的关键时刻，中国共产党领导太行儿女展现的不怕牺牲、不畏艰险的革命英雄主义精神，是在极其艰苦的条件下展现的百折不挠、艰苦奋斗的精神，是为民族的解放展现的万众一心、敢于胜利的精神，是为人民利益展现的英勇奋斗、无私奉献的精神。这种精神体现了太行儿女的英雄气概，体现了中华民族是不可战胜的民族。

纪念馆序厅雕饰

红色经典

歌曲《在太行山上》诞生于抗日烽火年代，以其浑厚的旋律、恢宏的气魄唱遍了祖国大地。

《在太行山上》

桂涛声 词　　冼星海 曲

红日照遍了东方，自由之神在纵情歌唱。
看吧！千山万壑，铁壁铜墙，
抗日的烽火燃烧在太行山上，气焰千万丈！
听吧！母亲叫儿打东洋，妻子送郎上战场。
我们在太行山上，山高林又密，兵强马又壮。
敌人从哪里进攻，我们就要他在哪里灭亡！
敌人从哪里进攻，我们就要他在哪里灭亡！
敌人从哪里进攻，我们就要他在哪里灭亡！
敌人从哪里进攻，我们就要他在哪里灭亡！

电影《太行山上》以抗日战争为背景，讲述八路军总司令朱德率领刚刚改编完的八路军三个主力师东渡黄河，挺进抗日前线，建立太行山根据地的光辉历程，正面歌颂了我党领导的武装力量是民族抗日的中流砥柱，反映了抗日民族统一战线的正确，表现了八路军与人民群众的血肉联系，成功地塑造了朱德等老一辈革命家的光辉形象。

导 演：陈健伟　廉沈东

电视连续剧《八路军》全方位、史诗性地再现了八年抗战的辉煌历程，突出了共产党领导的八路军在抗日战争中发挥的中流砥柱作用。

导 演：宋业民　董亚春

电视剧《八路军》场景

02.壶关常行村窑洞保卫战旧址

场馆概况

常行村窑洞保卫战旧址位于壶关县东南30公里东井岭乡常行村，该旧址坐北朝南，西南环山，北为村民居舍，由窑洞、碉堡、展厅三部分组成，占地面积1600平方米。1943年，常行村党支部组织全村民兵利用旧的采煤坑道，修筑长3000余米的"爪"形坑道，分别于村中、南山、西山设置三个洞口。村中的洞口上修筑三层结构碉堡一座，2005年对该旧址重新维修。碉堡展厅内布设展板、解说词、纪录片,以翔实的资料再现了当年民兵抗日的战斗场面。是山西省第一批重点文物保护单位,1995年被确定为山西省爱国主义教育基地。

🔥 红色故事

常行村民兵窑洞保卫战

1944年9月11日傍晚时分,日军的一个小队长带领山西剿共伪军第二师及投敌的国民党保安五中队共500余人,从陵川县城出发,夜袭常行村。站岗巡逻的民兵发现日军后,急忙向村政治主任徐海水、村武委会主任徐顺孩、民兵队长张小保报告了敌情。他们立即决定,由徐海水、徐顺孩组织群众进洞,由张小保带领全村17名民兵到村外阻击日军。他们机动灵活地对付各路敌人,首先在村南边的小松坡下和敌人接了火,接着村西、村北响起了枪声。预先埋下的地雷纷纷被敌人踏响,敌人一时摸不清底细也不敢贸然进村,使全村群众安全进入窑洞。民兵在张小保的指挥下,边打边往碉堡撤退。日军发现碉堡后开始围攻。张

常行村窑洞洞口

小保和民兵们一阵狠打,日军丢下6具尸体撤了下去。接着,日军又攻了几次都被民兵们打了回去。恼怒的日军将数门迫击炮一齐对准了碉堡,碉堡被炸塌,张小保和民兵们迅速转移到洞内。日军看着黑洞洞的窑洞谁也不敢进去,只是在洞

常行村

口转来转去。张小保在洞内布好防线,利用敌明我暗的优势,不断袭击敌人。他端起枪,对着洞外连发两枪,两个鬼子中弹,立时毙命,几个民兵趁着混乱又冲到洞口,向外扔了一阵手榴弹,炸得日军血肉横飞、哇哇乱叫。敌人始终不敢入内,只是举枪向洞内乱打。

第二日,日军从洞顶挖了一个口子,又把一捆捆柴草堵在洞口点燃,企图把民兵和群众呛死在洞内。过了两小时,敌人见洞里没有动静,以为洞内的人全部被呛死了,几名日伪军蹑手蹑脚摸进洞内,没走多远,

碉堡

就被民兵"啪啪"几枪放倒。一个日本军官听到枪声,趴到新挖的洞口往下窥望,张小保眼明手快,朝洞口一枪打去,日本军官应声栽下,身上的指挥刀被张小保缴获。日军恼羞成怒,扔了一阵手榴弹后,又向洞内推进了大量石块、泥土等物,两个洞口也用石块封死,想把村民们闷死。当时,在窑洞的南端有一个暗口,敌人还未发现,张小保和徐顺孩迅速组织群众靠近了暗口。这样,敌人想呛死

和闷死村民的阴谋也失败了。

洞里有粮无水,民兵和群众强忍着吃了两天生小麦,就再也咽不下去了。第三日,小麦吃完了,每个人都遭受着饥饿、干渴和烟熏的折磨,张小保同徐顺孩商量,决定派3名民兵从外面找些吃的。民兵从暗口子出去,悄悄从地里刨了100多个土豆回来分给了乡亲们,同时,他们又让一

张小保讲述当年战斗的场面。

名民兵绕过敌人的包围去区上报信。坚持到第四天,敌人使尽了惨绝人寰的最后一招,把"毒瓦斯"扔进洞里,徐发青、徐根枝、徐玉山中毒倒下,壮烈牺牲。15日早上,壶关县武委会、独立营和区干队,配合界北各村民兵共计千余人直奔常行村向日军猛烈开火。张小保和民兵们听到枪声,立即冲出窑洞,追杀敌人,日军丢尸弃械狼狈而逃。

常行村民兵窑洞保卫战共计打死打伤敌人118名,缴获武器300余件,《新华日报》曾以"惊天动地的四天四夜"为题作了报道,使窑洞保卫战名震华夏。

1944年11月晋冀鲁豫边区在太行山区召开的"太行区群英会"上授予徐顺孩、张小保"腹心地区一等杀敌英雄"的光荣称号,并颁发了"杀敌英雄"奖章。

红色经典

20世纪50年代初,作家申双鱼同志撰写的革命故事《窑洞保卫战》引起了上党革命老区的轰动,人们纷纷前往常行村参观、走访。后由上海美术出版社改编出版的连环画《窑洞保卫战》向全国发行。

当地美景

太行山大峡谷自然风光旅游区 位于山西省壶关县东南部，占地面积93平方公里，林草覆盖率达74.9%。景区风光旖旎，景色奇异，汇集太行风采于奇峰涧壑之中，林海、悬崖、山石、清泉、瀑布、溶洞、庙宇、传说，有虚有实，有光有色，有奇有险，巧夺天工。

真泽宫 位于距离常行村窑洞保卫战遗址8公里处，建于唐代，五进院建筑格局，现存殿、台、楼、庑200余间，占地9700平方米。整个真泽宫，建筑结构严谨，屋檐飘逸舒展，彩绘古朴典雅。

1939年何长工带领的中国人民抗日军事政治大学第一分校曾在这里办学，借庙堂之地，述民族大义，于太行深处育革命英才，使真泽宫光彩倍增。

03.屯留上党战役老爷山遗址

遗址简介

上党战役老爷山遗址位于屯留县城西北25公里处的老爷山上，海拔1266米，由东、西、南三峰组成，又称"三峻山"。老爷山不仅有着"后羿射日"的美丽传说，而且这里自然风景独特，名胜古迹甚多，自唐代以来开始在山上修建庙宇，历代帝王都有重建和扩建，有先师庙、金禅庙、唐王庙、喜神庙、关帝庙、黑虎神庙等。目前，老爷山已初步开发成一个集旅游、避暑、生态农业、革命传统教育、历史教育于一体的旅游景点。

遗址现仅存一座莲花舍利塔，弹痕累累，清晰可

上党战役遗址——老爷山

见。该塔高13米，为方形9层密檐式建筑。为了缅怀革命先烈，1964年老爷山战斗遗址被公布为省级文物保护单位。1986年又修筑了纪念亭一座，立碑一通，碑文记述了当时的战斗经过和革命先烈的英雄事迹及艰难历程。

上党战役纪念馆位于老爷山景区南侧，2010年8月举行了开工奠基仪式。主体建筑占地6000平方米，包括陈列区、藏品库区和配套设施等。馆内布展按照战前态势、战役决策、欢庆胜利、继往开来为主线，以图片、实物、雕塑、复原场景等形式，再现当年宏大、激烈的战争场面。

上党战役纪念馆效果图

➡ 背景链接

抗日战争胜利后，蒋介石一方面电邀毛泽东同志到重庆谈判，一方面又从大后方调动重兵向华北、华南、华中我解放区进犯。1945年8月下旬，盘踞山西的国民党第二战区司令长官阎锡山在蒋介石密令下，派出

13个师,向晋冀鲁豫解放区的上党(长治)地区进攻,企图占领整个晋东南地区。

"人民得到的权利,绝不允许轻易丧失,必须用战斗来保卫。"为了保卫抗战胜利的果实,晋冀鲁豫军区司令员刘伯承、政委邓小平遵照中共中央军委指示,指挥太行、太岳、冀南部队3.1万人,于9月10日正式发起上党战役。

1945年8月,晋冀鲁豫军区司令员刘伯承和政治委员邓小平指挥上党战役时合影。

首先收复屯留、长子等4城。自9月20日起,从东、西、南三面合围长治。阎锡山急调第七集团军副总司令彭毓斌率领3个军8个师2.3万人,从太原出发南下,增援长治。晋冀鲁豫军区部队以一部兵力继续围攻长治,主力北上消灭援军。10月2日,将援军合围于屯留西北地区,经过4昼夜激战,国民党军除2000余人逃回沁县外,其余全部被歼。长治守军待援无望,于8日向西突围,企图逃回浮山、翼城。晋冀鲁豫军区太岳部队跟踪追击,至12日将其歼灭于沁河以东的将军岭、桃川地区,上党战役胜利结束。此役历经33天,共歼灭国民党军3.5万人,击毙彭毓斌,生俘史泽波等10余名师长以上将领,全部收复被侵占的襄垣、屯留、长子、壶关、潞城、长治6座县城,沉重地打击了国民党反动派发动内战的嚣张气焰。

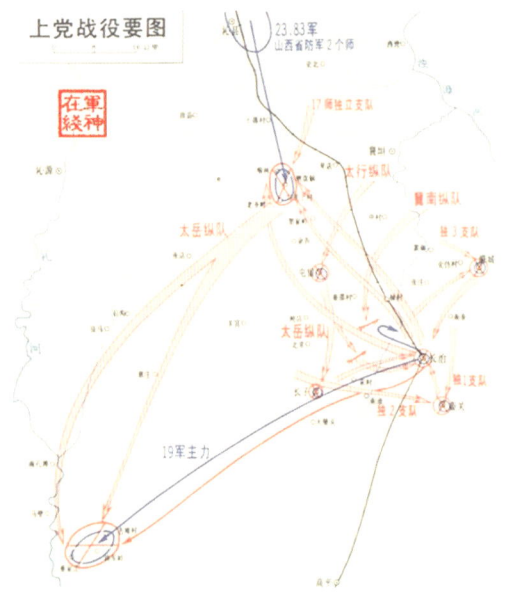

毛泽东同志在《关于重庆谈判》一文中，对上党战役作了高度评价，指出："太行山、太岳山、中条山的中间，有一个脚盆，就是上党区。在那个脚盆里，有鱼有肉，阎锡山派了十三个师去抢。我们的方针也是老早定了的，就是针锋相对，寸土必争。这一回，我们'对'了，'争'了，而且'对'得很好，'争'得很好。就是说，把他们的十三个师全部消灭。""人家打来了，我们就打，打是为了争取和平。不给敢于进攻解放区的反动派很大的打击，和平是不会来的。"

1945年9月，晋冀鲁豫军区部队猛攻屯留县城。

向老爷山冲锋

上党战役中，地方党组织动员大批青年踊跃参军，保卫解放区。图为刘伯承司令员在欢迎新战士大会上讲话。

⭐ 红色丰碑

上党战役是抗日战争胜利后，国民党反动派与我军第一次大规模军事较量。老爷山打援围歼战，是整个上党战役中关系极为重大的战斗。在刘伯承、邓小平亲自指挥下，进犯上党地区的阎锡山军队之大量有生力量被歼灭于老爷山地区，为整个上党战役的胜利创造了极为有利的条件。它不仅直接给阎锡山军队以沉重打击，保卫了上党地区，而且有力地配合了毛泽东在重庆的谈判，促进了《双十协定》的签订。这一仗消灭了阎锡山的主力，显示了人民军队的强大实力。

同时，经过上党战役，晋冀鲁豫军区部队开始由分散的游击战向集中的运动战转变，大量补充了装备、弹药和兵员，提高了正规作战的水平，更能集中兵力对北犯的国民党军队作战，打击国民党反动派的内战阴谋。上党战役中人民战争无比强大威力的发挥，对鼓舞全国人民特别是解放区人民坚定战胜国民党反动派的信心，以及粉碎国民党反动派发动内战的阴谋，起了巨大的作用。

这场战役开创了解放战争之初我军以劣势武器装备战胜优势武器装备之敌的先例，也是军民团结、军政团结御敌取胜的范例，被毛主席赞誉为"针锋相对，寸土必争"的"典范"。

 红色经典

七集电视连续剧《上党战役》再现了抗日战争胜利后，中国共产党领导的八路军与阎锡山军队在山西省上党地区发生的决定中国两个前途、两种命运的一场激烈战斗故事。

本剧获第六届全国优秀电视连续剧"飞天奖"三等奖。

当地美景

老爷山 是集古色、绿色、红色旅游为一体的旅游风景区。有佛教、道教、儒教三教共存，殿宇楼阁金碧辉煌的古人文景观特色；有春观桃杏花海、夏闻鸟啼翠荫、秋看红叶映日、冬赏青松傲雪的自然景观特色；有宝塔凌云、松林舞鹤、山楼烟雨等八景在内的情趣特色。

04.平顺西沟展览馆

场馆概况

西沟展览馆位于平顺县西沟村，始建于1968年，2005年扩建并重新改陈布展。现展馆占地面积6200平方米，建筑面积1200平方米，分3个展厅，珍藏有600余幅珍贵照片和100多件实物，系统地展示了著名全

西沟展览馆

国劳模李顺达、申纪兰带领西沟人民艰苦奋斗、建设山区，积极探索中国农村、农民走社会主义道路的光辉历程。近年来，新建了太行之星纪念碑、李顺达互助组雕塑、李顺达纪念亭、西沟村史亭，并对李顺达故居、老西沟革命岩、血泪凹、创业田、李顺达陵墓等进行了规划和保护，建成了西沟森林公园。该馆是全国爱国主义教育示范基地和全国红色旅游经典景区。

红色链接

西沟村地处太行山南麓，晋、冀、豫三省交界，境内沟壑纵横，山梁交错。过去这里荒山秃岭，曾是一个金木水火土五行俱缺的穷山沟。1938年西沟村成立党支部，1943年成立互助组，70年来，在党的领导下，在李顺达、申纪兰的带领下，西

沟村的干部群众团结一致，艰苦奋斗，把一个穷山恶水的旧西沟建设成为农林牧贸工商全面发展的社会主义新农村。

西沟村是全国第一个农业生产组织——李顺达互助组的诞生地。

西沟村是最早提出开展全国爱国丰产运动的倡导者。

西沟村是中国农村开展合作化运动的典范，被誉为"中国农村探索社会主义道路的先行者"。

村史亭

西沟村是中国农村最早开展男女同工同酬的发源地，申纪兰是中国妇女举起男女同工同酬大旗的第一人。

美丽的西沟村一角

🚩 红色人物

李顺达（1915—1983），河南省林县（今林州市）东山底村人，1938年加入中国共产党，全国著名劳动模范。在抗日战争和解放战争期间，组织西沟群众发展生产、支前参战，先后担任村农民救国会组长、民兵大队长和党支部书记等职。1946年，他领导村民制定了五年经济恢复发展计划，推动了全村农业生产的发展。1951年，组织办起了"西沟农林牧生产合作社"。他是党的八大、九大、十大代表，中共九届、十届中央委员会委员，一至四届全国人大代表，第四届全国人民代表大会常务委员会委员，多次受到毛泽东、周恩来等领导人的接见。1983年逝世，终年68岁。

毛主席接见李顺达（右一）

李顺达领导的互助组在田间劳动

李顺达互助组雕塑

申纪兰（1929— ），女，山西省长治市人大常委会副主任、平顺县西沟乡西沟村党总支副书记、西沟金星经济合作社副社长，提出男女应同工同酬。第二次全国妇女代表大会代表，首届世界妇女代表大会代表。1951年12月，带头报名加入了李顺达组织的农林牧生产合作社，并被推选为副社长。多年来，她始终扎根西沟，在担任山西省妇联主席时，坚持"不转户口、不拿工资、不离西沟"。她是全国唯一连任一至十二届的全国人大代表，3次被国务院授予"全国劳动模范"称号，2001年被中组部授予"全国优秀共产党员"称号。

1958年，周恩来总理在全国妇女群英会上接见申纪兰（左三）等人。

红色经典

反映申纪兰同志先进事迹的纪录片有《本色》《人民代表申纪兰》《西沟大姐申纪兰》，书籍有《红色人生》《见证共和国》等。

劳动起家

西沟由太行山一个普通的小山村，发展成为在国内外享有盛誉的明星村，其法宝就是在李顺达、申纪兰带领农民发展生产中所表现出的朴实勤劳的精神面貌。"劳动起家"这4个字不仅刻在李顺达住过的老窑洞门上，刻在新西沟的办公大楼门上，也深深刻在西沟人的心上。

李顺达故居

学党章 忆党史 寻足迹

当地美景

太行井底 位于平顺县城东南部，距县城37公里，四周悬崖陡壁，绝壁林立，形似井底，山涧泉水四季长流，奇峰怪石，溶洞钟乳遍布，一年四季云雾缭绕，胜似仙境。挂壁公路长1500米，有39个"窗口"，远看如大气磅礴的国画山水长卷；从隧道洞内侧窗向外看，又像是在画廊里欣赏一幅幅风景画，美不胜收。

05.武乡八路军总部王家峪旧址

场馆概况

八路军总部王家峪旧址位于武乡县城东35公里处的韩北乡王家峪村。周围崇山峻岭，沟壑深幽。抗日战争时期，朱德总司令、彭德怀副总司令、左权副参谋长和刘伯承师长、邓小平政委等率领八路军总司令部和129师于1939年11月至1940年6月在此驻扎。旧址主体建筑是东、西、中3个农家院落，现有朱德、彭德怀、左权、刘伯承、邓小平、陈赓、陈锡联等旧居，还有参谋处值班室、秘书处、茶炉房、警卫员住室、马棚原址

新建的王家峪八路军总部纪念馆

等。是全国文物保护单位，山西省爱国主义教育基地，2005年列入全国红色旅游经典景区名录。

➲ 红色链接

1939年11月11日，八路军总司令部从砖壁进驻王家峪，12月21日，朱总司令在王家峪总部接见了毛主席从延安派来的印度援华医疗队的柯棣华、巴苏华、爱德华等国际友人。曾在这里奋笔留下了"自信挥戈能退日，河山依旧战旗红"的豪壮诗句。

朱德（右）、彭德怀（左）在王家峪八路军总部。

总部在王家峪驻扎期间，为了粉碎日、伪、顽的经济封锁，解决根据地的经济困难，八路军领导带领军民开展生产自救，并创办了黄崖洞、柳沟、梁沟、高峪沟抗日兵工厂。1940年清明节前后，朱总司令带领总部机关和抗大学员，开展植树造林运动，在王家峪一带植树2万余株。朱总司令还亲手在王家峪的寨湾栽下一棵白杨。树身笔直挺拔，树冠枝繁叶茂，最为神奇的是，树枝的横断面有一个鲜艳的五角星，当地人亲切地称之为"红星杨""将军树"。老百姓说，这是朱总把自己的心留在了太行。红星白杨自此便成为武乡的一大奇观。

红星杨

当地美景

板山 位于武乡县城东窑湾乡左会村黎（城）武（乡）交界处一带，总面积6平方公里，平均海拔1800米，最高峰花儿垴达2000多米，主要景点有板山红叶、板山日出、板山云海、圣人泉、黄崖洞保卫战工事遗址群等。

登上板山，八百里太行群峰尽收眼底，远眺东南，但见千峰竞秀，万壑争奇，八百里太行如汹涌的海涛，万千座峰峦似攒动的拳卵。俯瞰身下，层层岩崖鳞次栉比，无尽秀色尽收眼底。这里有桂林之美、黄山之秀、泰山之雄、华山之险。

太行龙洞 位于山西省长治市武乡县蟠龙镇石泉村，龙洞上下共分4层，洞内岩溶景观形成于5.7亿年前，总长1500多米，共有100多处景点。洞内溶石错落有序，洞中套洞，晶莹透明，千姿百态，石花、石柱、石钟乳、石瀑布、石笋丛、石蘑菇群、石帘、石塔、石钟、石葡萄、石狮、鹅管等各种奇特景观流光溢彩；洞外群山环绕，森林茂密，鸟语花香，景色优美。

06.武乡八路军总部砖壁旧址

场馆概况

八路军总部砖壁旧址位于武乡县城东45公里处，这里群山环绕，沟壑纵横，东靠太行山，南、西、北三面临崖，只有村西的一条峡谷马道通往山外，易守难攻，便于隐蔽，是个极好的战略要地。旧址由一个农家窑楼院和一个四合一的古建筑群组成，包括朱德、彭德怀、左权等的旧居，参谋处、秘书处、会议室、北方局高干会会址，以及朱德总司令帮群众推过的"连心碾"，彭总亲手栽植的"将军榆"，总部指战员挖掘的"八路池""军民坝"和总部球场等。旧址展示有300余幅历史照片和200多件革命文物。是山西省爱国主义教育基地和全国红色旅游经典景区。

砖壁旧址远景

背景链接

1939年7月15日，八路军总部由潞城北村辗转襄垣绕黎城进驻武乡县砖壁村，受到砖壁人民的热烈欢迎。朱总司令住在靠近玉皇庙不远的新楼院，彭副总司令住在紧靠玉皇庙的李家祠堂，左权副参谋长住在玉皇庙后面的奶奶庙，中共北方局、八路军野战政治部、总部卫生部、新华报社等分别驻在砖壁村周围的烟里、安乐庄、土河等村庄。从此，砖壁便成为华北抗日前线的司令部。因砖壁村严重缺水，同年10月11日，总部临时转移至王家峪村，同时成立留守处，保护留在砖壁总部的重要文件和军需物资。1940年6月5日，总部由王家峪返迁砖壁村。8月20日，彭副总司令、左权副参谋长、罗瑞卿主任和刘伯承、邓小平等八路军领导人，在此指挥了震惊中外的"百团大战"，对华北敌人的交通命脉正太、同蒲、平汉、平绥等铁路干线同时展开全面攻势，打

砖壁旧址大门

破了日军的"囚笼政策"。11月1日，来自黎城、襄垣之日军侵犯八路军总部驻地砖壁、东堡地区。3日，八路军总部指挥我386旅在大陌村阻击进犯砖壁、东堡之敌，展开了有名的砖壁保卫战。

在艰苦的抗日战争年代里，朱德总司令、彭德怀副总司令、左权

砖壁旧址院内

副参谋长等总部首长，与人民同甘共苦，为革命艰苦奋斗，保持了我党我军的优良传统和作风。战斗间隙，首长们常利用和老乡们一块下棋、看戏、收割、打场、推碾子等机会，宣传群众，组织群众，帮助群众解决困难，发动群众积极抗日，人民的抗战热忱空前高涨，工、农、青、妇各救会和儿童团等抗日救国团体纷纷建立。当时不足14万人口的武乡县，就有9万多人参加了抗日群众团体，

八路军总部旧址——武乡县砖壁村

有3000多人参加了八路军。为了战胜日军和国民党顽固派的军事进攻与经济封锁，减轻人民负担，总部首长还以身作则，亲自参加和领导了开荒种地、植树造林、兴修水利等生产自救运动。仅在砖壁村，就帮助老乡打了三眼水井、六眼旱井，筑了一个大池塘、三个蓄水坝，彭副总司令还在总部院里亲手栽下一棵榆树。1951年8月26日，毛主席派以杨秀峰为团长的中央老区慰问团来砖壁慰问，并送来亲笔题词"发扬革命传统，争取更大光荣"。1961年，八路军总部砖壁旧址被国家列为第一批文物保护单位。

07.潞城八路军总部北村旧址

场馆概况

八路军总部北村旧址位于潞城市西北25公里的文王山脚、漳水河畔店上镇北村，这里依山傍水，松柏成林，易于隐蔽。旧址坐落在村中广场的西北侧，是一座具有北方特色的四合院。现存

八路军总部北村旧址大门

6个院落，175间房屋，分别为总部、北方局、军法处等驻地，占地面积4800平方米。房内陈列着当年朱总司令、彭德怀副总司令、左权副参谋长、邓小平政委及中共中央北方局书记杨尚昆等老一辈无产阶级革命家在北村的230幅珍贵照片、56件实物和50余万字的历史资料。2005年1月被山西省人民政府确定为山西省爱国主义教育基地。

➡ 背景链接

1938年10月25日，八路军总部同中共中央北方局由故县村迁到潞城市店上镇北村，至1939年7月8日，在此驻扎了256天。朱德总司令、彭德怀副总司令、左权副参谋长等曾在这里生活、战斗，进行了伟大的革命实践，建立了晋东南农、工、青、妇、武、文抗日救国总会，进行了多次"反摩擦""反扫荡""反围攻"斗争，创建了华北敌后抗日根据地，掀起了以上党为主的太行几百万儿女抗日热潮，为中国革命谱写了新的篇章。朱总司令在这里曾写下了《太行春感》《八路军抗战两周年来的经验教训》等光辉

右起：朱德、彭德怀、陆定一在北村八路军总部门前。

总部作战室内部摆设

篇章。彭总在此发表了《坚持河北抗战与巩固团结》《对敌作战的战术问题》等文章。左权副参谋长在这里发表了《伏击战术》《袭击战术》《坚持华北抗战两年中之八路军》等文章，并于1939年4月16日经朱总司令介绍，与刘志兰同志在这里举行了婚礼。

✡ 红色经典

太 行 春 感

远望春光镇日阴，太行高耸气森森。
忠肝不洒中原泪，壮志坚持北伐心。
百战新师惊贼胆，三年苦斗献吾身。
从来燕赵多豪杰，驱逐倭儿共一樽。

08.长治八路军总部故县旧址

场馆概况

八路军总部故县旧址位于长治市郊区北30公里的黄碾镇故县村南二仙庙内，该庙坐北朝南，分上、下两进院落。现存殿宇40余间，占地面积3000平方米。2004年被山西省人民政府公布为第四批省级文物保护单位，是山西省爱国主义教育基地。

背景链接

中共中央北方局、八路军总部于1938年8月8日进驻长治市郊区的故县村，并在此驻扎

八路军总部故县旧址——二仙庙

了5个多月。是抗战时期八路军进入太行山的第一个重要驻地，也是我军在华北抗日战争的主要指挥中心。八路军总部在故县期间，除朱总、彭总、左权将军外，黄克诚、康克清、傅钟、刘白羽、何长工、张磐石、陈锡联、陈再道、李达等领导同志也先后率部队在村中驻扎。期间，电话局和抗大一分校等机关也曾在此办公。抗大一分校把二仙庙作为宣传革命、组织群众、巩固和发展抗日根据地的重要阵地，在这里进行了积极的抗日活动，从这里走出的将军有迟浩田、杨得志、韦国清、聂凤智等，在我党我军的抗日史上写下了重要的一页。

1945年9月，刘伯承、邓小平在这里指挥了著名的上党战役。

1946年，八路军前方总部在此创建了太行根据地第一个军工铁厂——刘伯承铁厂(现长治钢铁厂前身)，当时日出铁200吨，造炮弹100多发，为解放战争做出过较大贡献。

09.长治太行太岳烈士陵园

场馆概况

太行太岳烈士陵园大门

太行太岳烈士陵园位于长治市区西南梅辉坡，是为纪念抗日战争中英勇牺牲的太行太岳的英雄儿女，经1946年3月晋冀鲁豫边区参议会第一届第二次会议作出决议后修建的。1948年始建，1952年落成。园内主要有烈士纪念塔、纪念堂、陈列馆、烈士公墓等，是抗日战争胜利后全国最早修建的一处纪念革命烈士的建筑。

陵园总面积为9.4万多平方米。中心耸立着高达23米的大理石纪念塔，塔身全部由青石砌成，正面镌刻着"太行太岳烈士纪念塔"九个丹漆大字，背面是邓小平题词"人民永远纪念着你们"。底座四面有刘伯承、徐向前、杨秀峰、李达、戎子和、裴丽生的题词和薄一波撰写的碑文。塔北是三座呈"品"字形的烈士纪念堂。正中纪念堂内，悬挂有烈士遗像，其中，有我军著名的高级指挥员、八路军副参谋长左权等5位将军，有长征时强渡大渡河十八勇士之一的周平烈士，还有活捉侵华日军驻山西总顾问铃木川山郎少将的"太行

烈士纪念塔

"一等杀敌英雄"赵亨德。东西两侧纪念堂是烈士陈列馆，馆内陈列着120余位革命烈士的画像、照片和部分实物。纪念堂后面是烈士公墓。

整个陵园，松柏参天，四季常青，花草覆地，庄严肃穆。1986年被国务院确定为全国重点烈士纪念建筑物保护单位，被中宣部命名为全国爱国主义教育示范基地。

烈士陵园一角

🔴 红色链接

武士敏将军墓地

1937年10月，抗日战争爆发后，根据党中央和八路军总部的决定，山西青年抗敌决死第一纵队、八路军129师等抗日武装先后开赴晋东南，在八路军总部和中共中央北方局的直接领导下，以太行山、太岳山为依托创建抗日根据地。八年抗战期间，在正太路以南、同蒲路以东、平汉路以西的广大地区，无数中华儿女在这里为民族的独立解放献出了青春和热血。

1938年4月16日，八路军在武乡县长乐村消灭了敌人2000多人，彻底粉碎了日军对我晋东南"九路围攻"，战斗中800多名将士血染沙场，其中有129师772团团长叶成焕，牺牲时年仅24岁。

1942年11月，沁源居民对敌人展开了长达两年半的围困战，民兵英雄李学孟和200多个敌人周旋了20多个小时，弹尽被俘之后威武不屈，最后被敌人残害，牺牲时年仅34岁。

在太行太岳烈士陵园里，还安葬着原国民革命军第98军军长武士敏将军。抗战期间，武士敏将军和共产党精诚合作、团结抗日。他坚持血战沙场直到为国捐躯，用坚强斗志筑起了一道保家卫国的血肉长城，挺起了中华民族不屈的脊梁。

当地美景

老顶山 位于长治城东北5公里处，又名百谷山。此山方圆40多平方公里，1993年被划定为国家级森林公园。相传中华民族的先祖炎帝（神农氏）曾在这里"尝百草，制耒耜，教民耕种，始兴稼穑"，实现了人类从游牧到定居，由渔猎到农业的重大转折。《太平寰宇记》载："百谷山与太行、王屋皆连，风洞泉谷，崖壑幽邃，最称佳境。"

10.黎城黄崖洞革命纪念地

纪念地概况

黄崖洞革命纪念地位于黎城北部45公里东崖底镇上赤峪村西黄崖山。面积50多平方公里，海拔在1500米至2000米之间，山势嵯峨，群峰突兀；一泓洞水，破崖而出，构成一条迂回曲折、峭壁对峙、沟壑纵横的带状深谷。因居中的悬崖上有个距谷地约30米、可容百人的天然大石洞，故名黄崖洞。黄崖洞曾作为八路军兵工厂的仓储之地。洞因厂而名，厂因洞而存。1942年9月，为纪念在黄崖洞保卫战中牺牲的革命烈士，在水腰山中修建了一座烈士公墓并建起一座7米高的纪念碑，碑文上刻着43位烈士的英名和原八路军总部特务团团长欧致富撰写的碑文。

红色三晋
山西省爱国主义教育基地巡礼

1971年又修建了"黄崖洞保卫战殉国烈士纪念塔"。1985年对黄崖洞进行大规模的修整，修复了兵工厂厂房，新建了牌楼、纪念塔、展览馆、镇倭塔等建筑。牌楼正中是邓小平亲笔题写的"黄崖洞"三个遒劲的金色大字。纪念塔正面工笔隶刻"黄崖洞殉国烈士永垂不朽"。展览馆收集了大量珍贵史料和实物。展览馆前依次竖立了14块石碑，分别刻着薄一波、李雪峰、欧致富等领导人的题词。现为全国爱国主义教育示范基地和全国红色旅游经典景区。

土法炼铁

➲ 背景链接

抗日战争爆发后，八路军挥师深入敌后，当时我军武器十分匮乏，一个战斗班只有三五支枪，有的战士不得不用古老的长矛和大刀同敌人拼杀。为了解决我军武器装备短缺问题，1938年9月，八路军总部在榆社县韩庄村成立了总部修械所，组织修理我军在战斗中损坏的武器和缴获的敌

将生产的手榴弹装箱运往前线

兵工厂生产的步枪

人枪械，同时还兼造地雷、手榴弹、步枪。步枪最高月产量达五六十支，但仍远远不能满足战争的需要。

为摆脱"背着工厂打游击"的局面，八路军总部于1939年5月成立军工部，1940年在地形隐蔽的黄崖洞周围，正式建设我军的兵工厂。1940年春，制造出第一批步枪，正值朱总司令55岁，故定名五五式步枪，继而制造七九式步枪和八一式步枪，最高月产量达430支。1941年下半年，兵工厂拥有700名工人、机器设备40部。开始制造五〇炮（掷弹筒）和炮弹，最高月产炮200门，弹

军工人员在加工枪支

军工人员在制造炮弹

3000发。年产可装备16个团，被朱总司令、彭副总司令誉为"八路军的掌上明珠"。黄崖洞兵工厂是华北敌后根据地建设最早、规模最大的兵工基地，是八路军武器弹药的主要供给地。它不仅为抗日军队提供了大量武器，而且在艰难困苦的环境下，锤炼出一大批工业建设人才。新中国成立后，这些人才奔赴各地，成为各级工业部门的领导骨干。

红色故事

黄崖洞保卫战

"黄崖洞下有黄崖，桃花寨上无桃花。英雄魂魄千古在，战鼓催开胜利花……"这是一首在长治黎城黄崖洞周边传唱的山歌。60年前，这里曾上演了杀敌制胜、烽烟四起的一幕幕活剧……

1941年11月8日，驻潞安地区日军第36师团主力、葛木两个联队，及第四独立混成旅团一部，配有工兵、骑兵共5000余人，装备有山炮、曲

射炮、掷弹筒等精良武器，杀气腾腾，分两路向黄崖洞袭来。彭德怀副总司令和左权副参谋长当即通知特务团部队进入阵地，做好一切战斗准备。

黄崖洞石窟

11月11日深夜，100多名日军趁着夜色对黄崖洞地区发动偷袭，敌人刚刚进入3营7连前沿阵地就遭到迎头痛击，被打得晕头转向，丢下几十具尸体狼狈逃窜。次日清晨时分，日军开始炮击我军阵地，而后又发起强攻。这时风雨大作，山路十分泥泞，敌人就像乌龟一样向前爬行，正好成了7连战士的活靶子。年仅17岁的司号员崔振芳和3位战友一起，勇敢地跳出了掩体，居高临下，一口气向撤到谷底的鬼子投出两箱手榴弹，炸死炸伤几十个敌人，小崔不幸为国捐躯。日军几次强攻失败后，恼

黄崖洞保卫战主阵地——水腰村

1942年修建的黄崖洞保卫战烈士墓。

羞成怒，向7连阵地发射了毒气弹。由于我军早有防备，兵员损失不大。但敌人以为我军失去了战斗力，向阵地扑来，结果伤亡惨重。这天，7连官兵连续打垮敌人十多次进攻，歼灭日军200多人，首战告捷。战至14日黄昏，日军以伤亡数百人的代价，向我军主阵地推进了200多米。15日一早，

敌人兵分两路向水腰村我军主阵地发起进攻，这是开战以来最激烈、最悲壮的一战。断桥前，8连战士刘容发的头部、颈部、腿部多处负伤，仍不停地射击；班长王振喜带领韩立合、李小苟等12名勇士与敌人展开肉搏战，将敌人打退后，又用手榴弹、滚雷向山下的敌人砸去，不到1小时，水腰口阵地前已躺了100多具日军的尸体。日军联队长葛木直幸大佐气急败坏，下令部队使用了喷火器。顷刻，我军阵地一片火海，王振喜等12名勇士壮烈牺牲。18日，日军在飞机的掩护下，又分兵3路向左会垭口、南山、北山的1营阵地进攻。坚守在南山某高地的2连1排官兵，与敌人白刃格斗，有个战士把敌人引到山顶，等他们靠近时投出最后一枚手榴弹，自己纵身跳下悬崖……这天深夜，特务团开始全面反攻，很快收复了全部阵地，至此，黄崖洞保卫战结束了。

黄崖洞保卫战中，总部特务团以不足1500人的兵力，抗击了5000多装备精良的日军的疯狂进攻，鏖战8个昼夜，取得了歼敌1000余人其中毙敌850人的战果，而我军只伤亡166人，以5.3∶1的战绩"开中日战况上敌我伤亡对比空前未有之记录"，该团被八路军总部授予"黄崖洞保卫战英雄团"光荣称号。黄崖洞保卫战谱写了一首中国人民抗日战争中可歌可泣、激动人心的壮烈史诗，耸立起一座中华民族不屈不挠的丰碑！

黄崖洞保卫战战斗场景（实景油画）

当地美景

黄崖洞兵工厂旧址　　桃花寨　　瓮圪廊　　镇倭塔

黄崖洞兵工厂旧址　当时兵工厂建在黄崖洞水腰山谷中，包括生产区、管理区、生活区，现存有当年的厂房残基和后来修复的部分工房，家属区仅剩残垣断壁。

桃花寨　雄踞在黄崖洞东北方向的万仞峰巅之上，四周全是悬崖绝壁，只有一条宽仅丈许，倾斜45度的山间险道可达寨顶。

瓮圪廊　两山对峙，峭壁如削，湍流飞瀑，峡谷险道，气势雄胜。1985年，在翁圪廊口建起一座由邓小平题词的"黄崖洞"牌楼。

镇倭塔　在高山公园的西南，高耸在锥形孤峰之上，直刺青天。倚塔扶栏，环目四望，山林泻翠，野花飞红。

雄奇的黄崖洞风景

11.沁源太岳军区司令部旧址

场馆概况

太岳军区司令部旧址位于沁源县城南7公里的阎寨村东，是抗日战争时期太岳区党政军领导机关驻地。当时有窑洞30多孔，现在司令部旧址共有土窑洞10孔，占地面积约1800平方米。分3个院落，左右连通，坐北向南，其中中院为薄一波、陈赓办公院落，有3孔窑洞；西院有王新亭、毕占云居住窑洞两孔；其余为参谋处、政治处、供给处、警卫连住处。旧居中有革命文物照片、实物陈列室。

1986年，该址被列为省级文物保护单位，保护面积2320平方米。是山西省爱国主义教育基地，全国红色旅游经典景区。

背景链接

1939年秋，陈赓率386旅进驻沁源，开展对敌斗争。1940年6月太岳军区成立，陈赓任司令员、王新亭任政委、周希汉任参谋长、苏精成任政治部主任。中共太岳区党委、决死一纵队司令部、太岳军区司令部等重要领导机关一同驻扎在阎寨。1942年10月20日，太岳军区由阎寨迁往安泽县。

太岳军区司令部在阎寨村驻扎的两年半期间，是太岳军区开创、巩固、发展的关键时期。粉碎了阎锡山妥协投降日军、进攻新军的"十二月事变"，整顿并扩大了太岳区军事力量，参加了百团大战，粉碎了日军对太岳区的两次大"扫荡"，薄一波、陈赓等在这里领导和指挥了著名的围困日军两年半的沁源围困战，指挥开展了岳南区的武装斗争，壮大了军事力量，支持了党政工作。

1943年，太岳军区政治部干部战士积极响应毛泽东"自己动手，丰衣足食"的号召，参加大生产运动。上图为干部战士亲自动手切山药蛋（土豆）种子，准备播种。

1939年底，阎锡山制造了"晋西事变"，亦称"十二月事变"，指使所属部队分别向晋西南、晋西北、晋东南的山西新军和八路军进攻。蒋介石也纠集重兵向晋东南进犯，中国共产党提出了"人不犯我，我不犯人；人若犯我，我必犯人"和"有理、有利、有节"的原则，进行了坚决的反摩擦斗争，粉碎了国民党顽固派发动的第一次反共高潮。上图为决死一纵队严阵以待，阻击国民党顽固派军队的进攻。

红色故事

沁源围困战

沁源，地处太岳抗日根据地腹地，四周群山环抱，是太岳区党政军领导机关所在地。日军把这里视为眼中钉、肉中刺，曾8次闯入沁源疯狂"扫荡"。1942年10月，日军以一个大队兵力第二次侵占沁源，同时在城外扎下15个据点，挂出了"山地剿共实验县"的招牌，企图使沁源伪化，从而长期控制我太岳根据地。

为了粉碎日军的阴谋，太岳区党委发起了沁源围困战。

沁源军民首先开展了"坚壁清野"大动员，以沁源城关为中心，发

切断敌人的交通

动群众全部转移出来，把水井填死，粮食深埋，用品搬空，使纵横数里的村庄成为"无人区"。与此同时，指挥部动员民兵配合主力，展开积极进攻，把日军由原来的15个据点压缩为城关、交口等几个据点。接着又掀起"抢粮运动"，军民乘夜摸进敌据点将敌人抢劫的粮食运出来。一夜之间，竟有万余军民出动，后来又发展到"劫敌运动"，不仅夺回敌人抢走的羊、牛和其他财物，而且连敌人的军用物资甚至衣服、靴子也"劫"，敌人唯一的补给运输线也被八路军和民兵用地雷封锁，大米、罐头运不上来，日军只得杀野狗、军马充饥。在围困日军的斗争中，各种袭扰敌人的良策妙计，在群众中不断涌现出来，搅得日军心惊肉跳，寸步难行。夏季，酷热难耐，交口村的民兵把死狗、死猫、死耗子趁夜扔到碉堡下，白天太阳一晒，整个城内臭气弥漫，熏得鬼子无处躲藏。民兵们还想方设法断敌人水源，拆毁井上的辘轳和碾盘上的转轴。敌人壮着胆子到沁河边提水，一不小心就踩到了地雷，死伤一片。

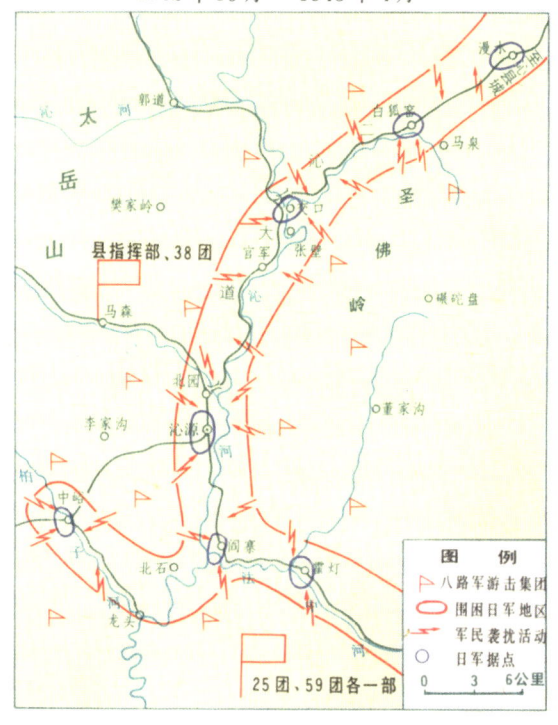

沁源军民围困日军示意图
1942年10月—1945年4月

在我军民长时间的围困下,日军惶惶不可终日,只得退出一个又一个据点。1945年3月14日,沁源军民对疲惫不堪的日军发起了最后的总攻,全县男女老少2万余人一起上阵,4000多颗石雷虚虚实实,布满了城关、交口日军据点周围,形成了多层的地雷网和地雷阵,完全断绝了日军

沁源联防分队围困日军

收复沁源县城,军民欢呼。

的外援。民兵白天在山头点燃狼烟、吹号、打锣鼓;黑夜打冷枪袭击日军,日军惶恐不安,被迫从3月24日至29日每天组织突围,但均被击退。从4月1日起,日军整整8天闭门不出,第9天,他们拼死再次突围,但只突围出不足10里就触响60颗地雷,死伤30余人。同一天,由沁县来接应的日军1000余人,在二沁大道上触雷90余颗,遭重大伤亡。4月10日夜,日军以小股部队向西、南两个方向佯攻,11日拂晓,在沁县联队部的接应下,沿二沁大道逃窜,太岳军区38团主力部队和沁源民兵奋力阻击,打死打伤日军300余人,日本侵略者狼狈不

堪地逃出沁源县境。自此，历时两年半的沁源围困战胜利结束。在这次围困战中，沁源民兵配合主力部队参战2730次，击毙日伪军3078人，俘获日特汉奸245人，取得了辉煌的战果。

沁源围困战是中外战争史上的奇迹，它成功创造了对占领我腹心地区之敌进行斗争的范例，当时就受到中共中央的重视和表彰。党中央机关报《解放日报》特地发表了《向沁源军民致敬》的社论：

抗战以来六年半的长时间中，敌后军民以自己的血肉头颅，写出了可歌可泣的英勇史诗。在这无数史诗中间，晋东南太岳区沁源县八万军民的对敌斗争，也放出了万丈光芒的异彩。

……

模范的沁源，坚强不屈的沁源，是太岳抗日民主根据地的一面旗帜，是敌后抗战中的模范典型之一。

我们向沁源致敬！

12.长子北高庙烈士陵园

场馆概况

长子北高庙烈士陵园坐落于长子县城北关外的北高庙遗址上。因该庙坐落在古城北，地势高昂，故统称为"北高庙"。

北高庙顶部海拔1080米，为全城制高点，战略地位十分重要。抗日战争时期，曾被日本侵略军占领。抗日战争胜利后，阎锡山部队于1945年8月22日抢

北高庙烈士陵园远景

占长子，占据北高庙，9月13日，作为上党战役主战场之一的"北高庙攻坚战"在此打响。为了纪念抗日战争和解放战争的伟大胜利，缅怀先烈业绩，中共长子县委、县民主政府于1946年元月将"北高庙"辟为革命烈士陵园。在这里铭记着2328名烈士的英名，掩埋着部分先烈的忠魂。1991年薄一波为北高庙题写了"长子北高庙烈士陵园"的门匾。1997年、2006年进行了改陈扩建。为山西省重点革命烈士纪念建筑物保护单位和省级爱国主义教育基地。

当地美景

发鸠山 位于长子县城西25公里处，海拔1647米，山势矗立，蜿蜒南北，雄伟壮观，山头雾罩云腾、翠奔绿涌，颇有仙境气势。发鸠山有着美丽的传说。上古时共工和颛顼争夺帝位，共工发怒后头触"不周山"使天柱折，地维绝，天倾西北，地不满东南。这"不周山"就是发鸠山。神话故事《精卫填海》中说，炎帝的小女儿女娲游东海溺死后化作精卫鸟，每天"常衔西山之木石，以埋于东海"，决心填平东海。这里所说的"西山"也是指发鸠山。

长子树化石自然保护区 位于长子县南陈乡壑则、东峪、西峪、南苏村、高家村、谢村、西沟、团城、南陈村及张店乡的南陈村，总面积为2047公顷。

法兴寺 位于长子县东南翠云山上，占地60亩，始建于公元401年，历史悠久，建筑奇异，环境幽雅，景色迷人，堪称三晋之名刹。法兴寺依山势布局，从石阶、山门、舍利塔、园觉殿至毗卢殿，层层升高，以石阶相连，

古朴、典雅、雄浑、庄重，保留了古建筑特有的风韵。寺内所存唐石舍利塔、燃灯塔、宋塑十二园觉像，堪称"法兴三绝"，闻名遐迩。其造型之优美，结构之奇异，工艺之精细，实属稀世罕见。

13.沁县山西牺盟会新军纪念馆

场馆概况

山西牺盟会新军纪念馆坐落在沁县城南风景秀丽的二郎山北麓、西湖之滨，占地20亩，建筑面积5077.74平方米。全馆以800余幅珍贵的历史照片和500多件实物，系统地展示了决死队在三晋大地开辟敌后抗日根据地的光辉战斗历程，再现了薄一波

牺盟会新军纪念馆效果图

等老一辈革命家的指挥艺术，彰显了抗日民族统一战线的巨大威力，是一座全面反映山西青年抗敌决死队抗战历史功绩的专题纪念馆，是山西省爱国主义教育基地。

➡ 红色链接

山西青年抗敌决死队，简称决死队，又称新军。

1937年七七卢沟桥事变后，山西在华北乃至全国的战略支点地位日益凸显。薄一波向阎锡山提出组建新军的建议获准后，大量招募爱国知识青年，开展军政训练，培养了大批干部和兵员。1937年8月1日，山西青年抗敌决死队在太原正式成立，并迅速开赴敌后抗战。

1937年10月29日，薄一波率决死一纵队来到沁县。随后，八路军总部、中共中央北方局、晋冀豫省委、太岳特委、牺盟上党中心区、《新华日报》（华北版）等抗日党政军机关相继驻扎沁县。朱德、彭德怀、左权、薄一波等在这里指挥了波澜壮阔的抗日游击战争，开展了轰轰烈烈的减租减息、扩军筹粮和改造旧政权运动，建立、巩固并壮大了太岳、太行抗日根据地。

1938年4月，决死队一、三两个纵队和一部分国民党

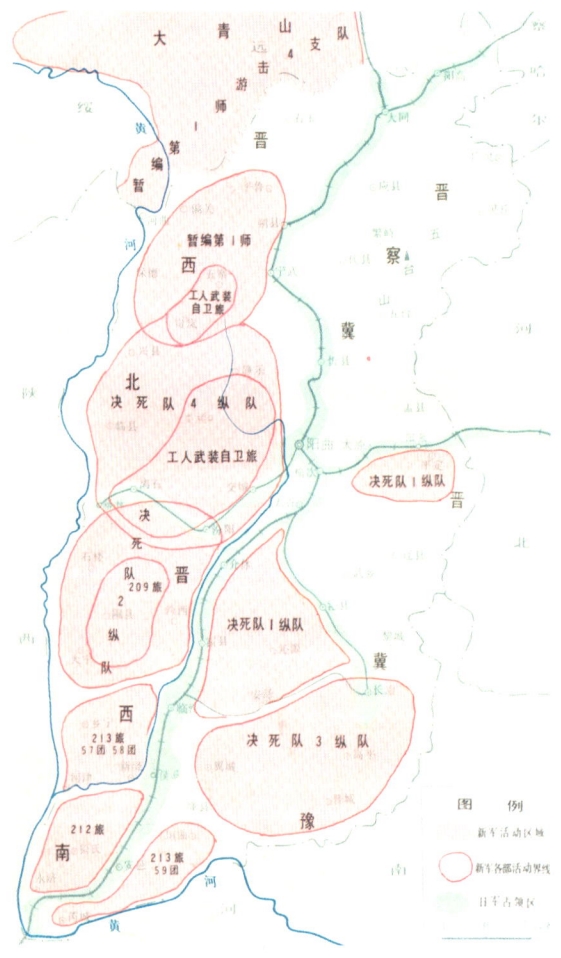

山西新军在晋东南、晋西南、晋西北等地区协同八路军开展游击战争，阻击日军进攻，为创建和巩固抗日根据地做出了重要贡献。左图为山西新军活动区域示意图。

军队配合八路军129师及115师344旅,歼敌4000余人,收复县城18座,彻底粉碎了日军的九路进攻。从1938年底开始,决死第一纵队进行了"西林整军",在八路军总部的帮助下,在沁县的西林办了3期军政训练班,训练排、连以上干部和优秀的政工人员。八路军总部负责人朱德、彭德怀、左权亲自给训练班讲课。训练结束后,决死队换掉了一批旧军官,代之以新军官,部队的军政素质显著提高。1939年上半年,决死队发展到9个师、旅级单位,辖46个正规团和4个游击支队(团),主力部队约5万人,成为一支驰骋三晋的抗日劲旅。

牺盟会会徽

决死队臂章

八年抗战中,决死队共参加大小战斗7000多次,毙伤日伪军5万多人,涌现出县团级干部5000多人,省军级干部500多人,被授予少将以上军衔的73人,有1.5万将士为国捐躯,为抗日战争的伟大胜利做出了伟大贡献。

朱德总司令在决死一纵队政委薄一波、决死三纵队政委戎伍胜等陪同下,到沁县南沟村视察工作。

山西新军不但是一个战斗队,也是一个工作队。他们派出大批工作队员到农村发动群众,宣传抗日,动员青年参军;组织自卫队、游击队;协助地方建党、建政,创建抗日根据地。左图为1938年初,决死一纵队在沁县书写标语。

🚩 红色人物

薄一波（1908—2007），山西新军创始人之一。原名薄书存，山西定襄县人。1925年加入中国共产党。曾任中共山西国民师范学校支部书记，太原北部地区委员会副书记、书记和山西临时省委委员。大革命失败后，转入晋北农村从事秘密革命工作。

1929年起，在天津、唐山和正太、平汉铁路沿线地区指导兵运工作，发动士兵暴动。1931年在北平被捕，1936年8月经组织营救出狱后，被派往太原任中共山西公开工委书记，参与领导山西牺牲救国同盟会，主办抗日军政训练班、民训干部团和民兵军官教导团，掀起抗日救亡运动高潮，推动了山西的抗战。

薄一波

抗日战争爆发后，于1937年8月组建山西新军"山西青年抗敌决死队"，任第一总队政委。10月率部开赴晋东南地区，配合八路军开展抗日游击战争，参与创建太岳抗日根据地。"十二月事变"后，所部编入八路军129师序列。先后任晋冀鲁豫边区行政委员会副主席、太岳纵队兼太岳军区政委、中共太岳区党委书记、中共中央太行分局委员。1945年6月当选为中共七届中央委员。

抗日战争胜利后，任中共晋冀鲁豫中央局副书记、晋冀鲁豫军区副政

决死第一纵队政治委员、第三行政督察专员公署专员薄一波1939年1月在沁县南沟村。

委。1948年5月起任中共中央华北局第二书记、第一书记，华北军区政委，华北人民政府副主席。参与平津战役的组织工作，曾兼任平津卫戍区政委、绥远军区政委。

新中国成立后，任中央人民政府委员、政务院委员兼财政经济委员会副主任、财政部部长。1954年9月任国家建设委员会主任。1956年5月起任国家经济委员会主任、国务院副总理。同年9月当选为中共八届中央政治局候补委员。1959年4月、1965年1月两次任国务院副总理，并曾兼国家经济委员会主任。1979年7月出任国务院副总理。同年9月被增补为中共第十一届中央委员。1982年5月任国务委员，曾兼任国家经济体制改革委员会副主任。1982年9月和1987年11月，两度被选为中共中央顾问委员会副主任。

2007年1月15日在北京逝世，享年99岁。

14.黎城抗日三周年纪念塔

纪念塔简介

抗日三周年纪念塔位于黎城县城北40公里处的西井镇下寨村西的小山丘上，全称为"国民革命军第十八集团军（八路军）坚持敌后抗战三周年纪念塔"，于1940年9月18日建在后寨村的茶壶山下。1986年7月迁往此地。纪念塔背靠高山，面临清溪，为五面椎体尖顶式，砖石结构，高

抗日三周年纪念塔

6.3米。塔基座用石灰岩砌成，三层叠垒，高0.48米。塔下部2米，五面镶有石碑，分别镌刻着黎城县长马坚之，山西省第三区行政督察专员公署

专员薄一波，冀南、太行、太岳行政联合办事处主任杨秀峰等的题词，以及记述八路军抗战三年来的丰功伟绩的碑文。1965年5月就被确定为山西省重点文物保护单位，现为山西省爱国主义教育基地。

背景链接

人民群众热烈欢迎参加百团大战归来的英雄们。

1940年9月18日，正值百团大战激烈进行之时，为了纪念八路军抗战三年来的丰功伟绩，激励太行区人民的抗日斗志和支援百团大战，冀南、太行、太岳行政联合办事处在黎城县西井区后寨村召开纪念八路军抗战三周年大会，驻地部队、民兵、自卫队和附近群众数千人参加了大会。大会号召全区人民要以八路军为榜样，英勇杀敌，抗战到底。大会揭幕了纪念塔，举行了隆重的庆祝仪式。

15.黎城冀南银行旧址

场馆概况

冀南银行旧址位于黎城县黄崖洞镇小寨村，这里依山傍水，景色宜人。春天山花遍野，夏日云绕雾缠，秋天梨桃漫坡，冬季银装素裹。与黄崖洞八路军兵工厂、武乡八路军总部旧址、左权麻田129师司令部旧址相邻。

冀南银行总行旧址

旧址原是当地开明人士延秋宝先生的祖宅，为清晚期民居建筑。现存有冀南银行总行旧址、总行政治部旧址、印钞厂旧址等，总占地面积2.5万平方米。旧址内设有冀南银行发展历史的基本陈列。它是全国唯一一处保存完好的根据地银行旧址，具有较高的历史价值和旅游价值。

➲ 背景链接

1939年初，抗日战争转入相持阶段，日军侵占了许多城市，控制了交通干线，对抗日根据地实行严密的封锁和疯狂的"扫荡"，致使冀南、太行根据地经济和财政遭到严重损害。为了冲破日军的经济封锁，中共中央北方局和晋冀鲁豫边区政府决定组建自己的金融机构冀南银行，发行冀钞，以统一全区货币，保障供给，发展经济。1939年10月15日，冀南银行在黎城县小寨村正式成立，高捷为第一任行长。冀南银行总行在小寨村驻扎了9年，在前后9年时间里，共发行本币47种，本票9种，累计发行冀钞20 127亿元。1948年8月与晋察冀边区银行合组为华北银行，随后又与北海银行、西北农民银行、陕甘宁边区银行合并成立中国人民银行。

冀南银行驻地——黎城县小寨村

冀南银行发行的面值500元和100元的纸钞。

16. 沁源抗日阵亡将士纪念塔

纪念塔简介

抗日阵亡将士纪念塔位于沁源县城东南7公里的阎寨村，原系山西青年抗敌决死第一纵队阵亡将士纪念碑，于1944年12月建成。2007年进行了全面维修，新修展览室5间，新建了六角柱形飞檐亭和围墙，对碑体进行了全面的维修，对环境进行了美化、绿化。占地面积1194平方米，碑呈二层檐亭状，高18.9米，呈四方形飞翘状，碑身正面名为"抗日阵亡烈士纪念碑"，右面为太岳军区司令员陈赓、太岳行署主任牛佩琮等领导人题词，后面是阵亡烈士英名。碑塔背依青山，前俯田野，林木茂盛，环境优美。1965年5月24日被山西省人民政府公布为省级第一批重点文物保护单位。

整修一新的纪念塔

当地美景

灵空山 又名九顶山，位于沁源县西北五龙山乡，此山方圆百余平方公里，山中有三座孤峰突起，如倒置的鼎足。奇峰之下，两条深谷分别由西、北两面而来，相交汇合后又向东而去。深谷交汇处，形成一个巨大的空谷，宛若鬼斧神工开凿而成。灵空山有一"中华奇松"，亦称"九杆旗"，此巨松一茎出土后，又派生出九株，长势各异，枝繁叶茂，高大挺拔，直插云霄。

17. 阳城太岳烈士陵园

场馆概况

太岳烈士陵园位于阳城县城凤凰西街，占地面积16 675平方米，建于1949年5月，陵园坐北朝南，分前、中、后三院。园内主要建筑有八年抗战阳城死难烈士纪念塔、纪念楼、展览长廊、烈士纪念亭、纪念碑林、烈士墓等。纪念建筑物上刻有太岳军区政治委员王鹤峰、太岳行署主任牛佩琮、太岳军区司令员王新亭等领导同志的题词26条和1300多名烈士的英名及事迹。1987年12月，薄一波题写园名。现为省级烈士纪念建筑物保护单位，1995年被省委、省政府命名为山西省爱国主义教育基地。

烈士陵园一角

烈士纪念楼

烈士亭

背景链接

在抗日战争和解放战争时期，阳城人民做出了巨大的牺牲和贡献，先后有1636名阳城儿女献出了宝贵的生命。为了永远纪念他们，1946年，在原县城城隍庙旧址上修建了这座烈士陵园。

当地美景

蟒河旅游风景区 位于阳城县城南33公里的桑林乡，景区集"秀、险、幽、奇"四大特点，有"北方小桂林"的美誉，是国家AAAA级旅游景区。这里有国家二级保护动物猕猴和国家一级保护植物红豆杉、无喙兰，二级保护植物山白树、连香树。

杨柏大峡谷 位于阳城县河北镇境内，海拔1800多米，最深垂直高度700多米，大约有30公里长。峡谷幽深而奇险，谷底流水潺潺，两岸壁立千仞，远观群山连绵，近看飞瀑溅玉，岩层叠叠似天书一般，绿树茂密如锦衣加身，风光绝美，令人流连忘返。

皇城相府 位于阳城县城东部约15公里的北留镇皇城村，总面积3.6万平方米，是清文渊阁大学士、吏部尚书、《康熙字典》总阅官陈廷敬的故居。其依山就势，随形生变，官宅民居，鳞次栉比，是一组别具特色的明清城堡式官宅建筑群。"绿树村边合，青山郭外斜"，皇城相府不仅是一幅古代"自然山水画"，更是一座具有强烈人文精神的东方古城堡。

18.晋城烈士陵园

场馆概况

晋城烈士陵园位于市区南2公里处，1969年落成，1990年对烈士陵园的门楼、碑塔、陈列室、办公室、台阶等项目进行了整修，占地面积1500平方米。以纪念历次国内革命战争和1949年以后为国捐躯的晋城籍先烈。

背景链接

晋城是革命老区，在我党历史上占有很重要的位置，是全国较早建立中共组织的地区之一，是华北敌后抗战主战场之一，也是重要的兵源、物资供应基地。在抗日战争和解放战争期间，晋城地区有4万余人参加了革命军队，牺牲1.2万人，被追认为烈士的有3600余人。

当地美景

珏山 位于晋城市东南13公里处的丹河南岸，主峰海拔973米。珏山风景素以险峻、雄奇驰名，自古以来有"晋魏河山第一奇""小华山""小武当"之美称，这里仙山楼阁，苍松翠柏，游人如织。"珏山吐月"为晋城四大名胜之一，是人间少有的奇葩。

王莽岭景区 位于陵川县，是南太行最高峰，有着"中原后花园""清凉胜境"之美誉。登上王莽岭，俯视中原，能使人真正领略"自古太行天下脊"的风采。王莽岭壮观之处，莫过于日出。每逢晴日，峰峦沉浸在鱼鳞般茫茫云海中，从灰蒙蒙至五色染云至金鳞闪耀，一轮红日冉冉升起，一时间霞光万道，群山尽染，其磅礴辉煌之势，一如泰顶。王莽岭的山脚下，坐落着美丽的锡崖沟，更有世界奇观锡崖沟挂壁公路。

19.阳城晋豫边抗日纪念馆

场馆概况

晋豫边抗日纪念馆位于阳城县西南析城山下、盘亭河畔的横河古镇，这里依山傍水，风景秀丽。该馆于2006年开始筹建，总占地面积3500平方米，建筑面积约1500平方米。设展厅6个，共收集陈列史料30多万字，各种资料图片600余幅，珍贵实物700余件，史料翔实，内容丰富。在这块英雄的土地上，军民浴血奋战，英勇杀敌，留下了闪耀着不屈民族精神的光辉历史。

▶ 背景链接

抗战之初，这里是八路军总部通向延安党中央交通运输线的必经之地，中共北方局于1938年2月命令朱瑞及唐天际、聂真等革命家首驻横河镇，先后组建了中共晋豫特委和八路军晋豫边游击队，创建了晋豫边抗日根据地。

战争文物

1938年10月19日，根据八路军总部命令，八路军晋豫边游击队改称八路军晋豫边游击支队，因唐天际任支队司令员，简称"唐支队"。多次配合国民党赵寿山部和卫立煌部在济源、阳城、晋城等地与日军作

战争文物

战。特别是在町店战斗中，八路军115师344旅旅长徐海东、政委黄克诚率3个主力团在町店设伏，唐支队在对岸刘村配合作战，痛击了日军25师团的一个机械化联队，毙敌600多人，缴获了大批武器、汽车、战马等。

阎锡山发动的"十二月事变"被粉碎之后，晋豫特委为维护国共合作，执行党的统一战线政策，顾全大局，唐支队奉命于1940年2月撤出晋豫边根据地。1942年初，晋豫区党委机关和太岳南进支队，重新组建了以聂真为政委、王新亭任司令员的太岳南进支队进驻横河镇，重新开创了晋豫边抗日根据地，以此为据点摆开杀敌战场，组织指挥晋豫边区军民广泛开展游击战争，使析城山区成为我党二创晋豫边敌后抗日根据地的指挥中枢。"群峰壁立太行头，天险黄河一望收。两岸烽火红似火，此行当可慰同仇。"这是当年八路军总司令朱德南下洛阳途经析城山时留下的光辉诗篇。在这块英雄的土地上，军民浴血奋战，英勇杀敌，留下了闪耀着不屈民族精神的光辉历史。

🔥 红色故事

"护驾"邓小平突围

位于析城山山岗的护驾村，是一个具有传奇色彩的山村。1942年4月，中共晋豫区党委机关与联防区司令部驻扎在距离该村仅1.5公里的地方，保护首脑机关的八路军的一个连队驻扎在护驾村里。5月6日凌晨，阳城的日军突然向这里进攻，当时八路军第129师政委邓小平正好驻扎在这里。战士们利用护驾村的高山作为屏障，迅速占据了有利地形，以密集的火力打击来犯的敌人。驻守在这里的兄弟部队听到枪声之后，也迅速投入了战斗。面对疯狂的敌人，我军将士子弹上膛、刀剑出鞘，冲向敌阵，和敌人展开了一场生死搏斗。在当地群众的有力支援下，邓小平和晋豫区领导人聂真等同志安全转移，在阳城的革命历史上留下了光辉的一页。

20.沁水抗大太岳分校旧址

场馆概况

中国人民抗日军政大学太岳分校旧址位于沁水县土沃乡南阳村东头的玉皇庙内，这里北倚太岳，南眺黄河，东凭太行，西临中条，进可攻，退可守，战略地位十分重要。该庙为一进双门，三阁两厅，分前后两个大院。大队部设在后院的东厢房，政治部设在后院的西厢房。正北大雄宝殿是抗大俱乐部的展览馆，宽敞明亮的阁楼大厅，整齐地摆着木凳和石桌，阁楼大厅正前方挂着鲜红的抗大校训："团结、紧张、严肃、活泼"，大厅后方墙上有战士们办的墙报。

⮕ 背景链接

中国人民抗日军事政治大学,简称"抗大",是在抗日战争时期,由中国共产党创办的培养军事和政治干部的学校,前身为中国工农红军大学,1936年6月1日在陕北瓦窑堡成立,毛泽东兼政委,林彪任校长,刘伯承任副校长,罗瑞卿任教育长,1937年1月更名,并随中共中央机关迁到延安。1939年7月开始向敌后挺进,先后迁至山西省武乡县蟠龙镇,河北省邢台县浆水镇办学。1945年10月,抗大开赴东北,后改为东北军政大学。从1939年冬至1945年春,抗大还陆续在晋冀豫、山东、华中、鄂豫皖等抗日根据地建立了抗大12所分校,为八路军、新四军等培养了10万余名军政干部。

抗大太岳分校大院

太岳抗大分校,番号历山大队,直属太岳军区领导。1943年2月成立,校长由八路军386旅旅长陈赓兼任。1945年11月,太岳抗大分校并入晋冀鲁豫军政大学,完成了中国人民抗日军政大学太岳分校光荣的历史使命。在两年多的时间里,太岳抗大分校与沁南抗日县政府和群众结下了深厚的友谊,军政、军民团结战斗,粉碎了日

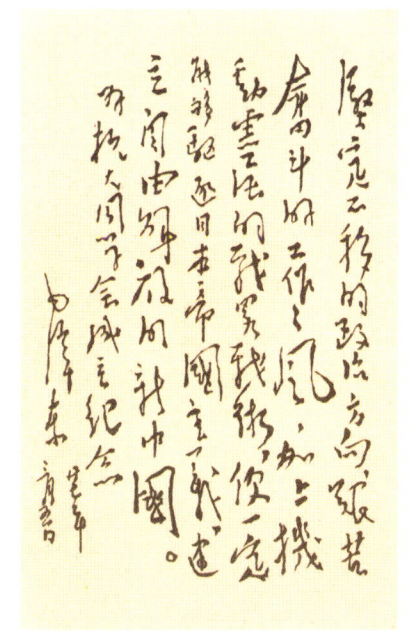

1938年3月5日,毛泽东给抗大的题词

抗日军政大学分布图

军的"扫荡",渡过了灾荒,为抗日战争的胜利做出了重要贡献。正如毛泽东主席总结的"抗大,抗大,越抗越大!"太岳抗大分校在南阳办学近3年,先后培养了政治素质高、军事技术硬、工作作风好的共产党军政干部近千人,积累了艰苦战争岁月一边学习、一边战斗、一边生产的办学经验,形成了"团结、紧张、严肃、活泼"的抗大校风,铸就了抗战史上一座丰碑。

红色经典

抗大校歌

凯 丰 词　吕 骥 曲

黄河之滨,集合着一群中华民族优秀的子孙。
人类解放,救国的责任,全靠我们自己来担承。
同学们:努力学习,团结紧张,严肃活泼,我们的作风;
同学们:积极工作,艰苦奋斗,英勇牺牲,我们的传统。
像黄河之水汹涌澎湃,把日寇驱逐于国土之东。
向着新社会前进!前进!
我们是抗日者的先锋。

抗大学员上军事课

进行实弹射击

抗大毕业学员开赴抗日前线

学员使用的水壶

21.沁水赵树理故居

场馆概况

赵树理故居位于沁水县城东南65公里处的嘉峰镇尉迟村。坐北朝南，为清代建筑，典型的北方农村四合院，大门位于东南角。现存堂屋3间，东西耳房各

赵树理故居

2间，东、西、南屋各3间，西南小房2间。所有建筑均为砖木结构二层楼房，堂屋、西房为出檐楼道，楼梯置院内。故居内存有赵树理生前书籍、柳制箱、皮箱和生活用品等珍贵遗物。

红色人物

赵树理（1906—1970），原名赵树礼，山西沁水县尉迟村人。现代著名小说家、人民艺术家。1906年9月24日出生在山西省沁水县一个贫苦农民家庭。1937年加入中国共产党。历任中国文联常务委员、中国作家协会理事、中国曲艺协会主席，曾任《曲艺》《人民文学》编委，中国共产党第八次代表大会代表，全国人民代表大会第一、二、三届代表。赵树理的创作活动始于20年代末。1930年首次发表了反映农民生活的短篇小说《铁牛的复职》。1943年发表成名作、短篇小说《小二黑结婚》。稍后的中篇小说《李有才板话》被誉为"反映农村斗争的最杰出的作品，也是解放区文艺的代表之作"（周扬《新的人民的文艺》），为他赢得了更大的声誉。此后，又发表了长篇小说《李家庄的变迁》，中篇小说《邪不压正》，短篇小说《地板》《福贵》《田寡妇看瓜》《登记》等一系列有影响的作品。1954年后著有长篇小说《三里湾》，短篇小说《锻炼锻炼》《套不住的手》《实干家潘永福》等作品，另写有评书、鼓词、剧本、评论等。他的作品已结集为《赵树理文集》和《赵树理文集续编》出版。不少作品已被译为英、法、德、俄、日等20余种文字，产生了国际性的影响。他的作品情节生动，故事性

赵树理雕像

强，语言质朴风趣，乡土气息浓厚，有一种清新活泼、为老百姓喜闻乐见的大众化风格，形成一个俗称"山药蛋派"的文学流派，在小说艺术的民族化、群众化方面做出了贡献。

"文化大革命"中，赵树理身心受到严重摧残，于1970年9月23日含冤而死，终年64岁。

➡ 红色链接

赵树理小说与晋东南民俗

赵树理的作品在弘扬我国优秀民族文艺传统、促进革命文艺的大众化方面做出了突出贡献，在现代文学史上占有一席重要地位。他取得成功的原因是多方面的，其中一个重要的原因，就是他植根于晋东南这片家乡的土壤，熟悉农村，热爱人民，大量描写了晋东南独特的区域民俗文化，或作为作品深厚的民俗文化背景，或作为塑造的人物形象，把混沌质朴的民俗变成活生生的文学创作题材，具体深刻地反映了20世纪30年代到60年代太行地区的农村生活，为我们展出了一轴生动的农村风俗画卷。赵树理的小说几乎涉及晋东南民俗的各个方面，像生产劳动、饮食居住、婚丧嫁娶、宗教信仰、民间文艺都有描写，故事引人入胜，情节既一气贯通，又起伏多变。语言运用上，大量提炼了晋东南地区的群众口语，通俗浅近而又极富表现力，使小说表现出一种"本色美"。

赵树理故居大院

当地美景

历山 位于沁水县城西南56公里处,是传说中舜王耕治的地方。它是中条山的主峰,总面积约100平方公里,海拔2358米。这里奇峰异洞,怪石清涧,是华北地区仅有的一片原始森林,被誉为"天然大公园"。

柳氏民居 位于山西沁水县城西南25公里处的西文兴村,是我国唐代著名政治家、文学家柳宗元后裔府邸,占地面积2万余平方米,始建于明永乐四年(1406年),共十三进院落。其融明清建筑雕刻艺术精华为一体,集南北建筑风格于一身,颇具文化、历史观赏价值及艺术内涵。

湘峪古城 坐落在沁水县东南58公里处的郑村乡境内。南距皇城相府6公里,西距赵树理故居5公里,背山临河,群峰环绕,苍松翠柏,宛然如画。它是明代万历年间政治家、军事家孙居相、孙可相、孙鼎相的故里。湘峪城宽4米,最高处达25米,周长2300余米。建筑造型独特,雄伟壮观。在城堡外围原是一条宽21米、长3000多米的护城河,被誉为"中国北方乡村的第一城堡"。

吕梁地区
爱国主义教育基地

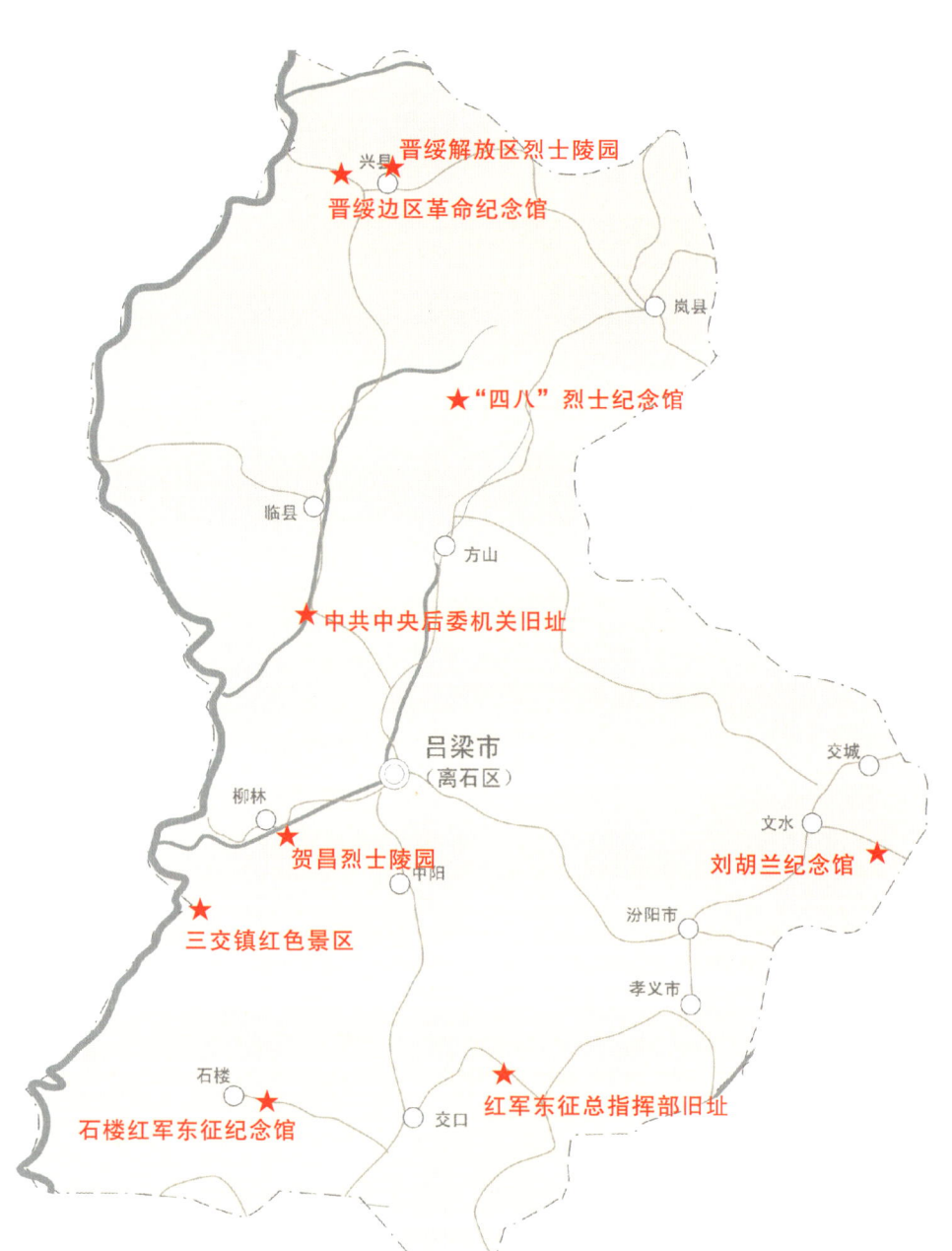

01.石楼红军东征纪念馆

场馆概况

红军东征纪念馆坐落在石楼县城东郊的岔沟村,依山而建,周围苍松翠柏,景色宜人。总占地面积1.1万平方米,建筑面积5500平方米,主展厅面积830平方米。于1996年5月5日红军东征60周年纪念日建成并对外开放。

红军东征纪念馆大门

进入纪念馆大门,拾阶而上,是毛主席雕像。纪念馆展厅分为序厅和4个展室。序厅正中在大型浮雕"滔滔黄河水"的映衬下,矗立着毛泽东同志的半身塑像;两侧是《红军东征歌》和毛泽东同志在东征时期写的千古绝唱《沁园春·雪》。序厅两边分布着4个展室,分别是"民族危亡,战略抉择""东渡黄河,转战晋西""唤醒民众,抗日救国""统一战线,全民救国";共陈列着珍贵的历史图片567张,文件图表298份,实物展品328件,集中、全面、翔实地展示了党中央、毛主席于1936年2月至5月率领中国人民抗日先锋军在晋西大地东征抗日的丰功伟绩。

从展馆后面拾阶而上一百道台阶,便是红军东征纪念碑,碑的正面是江泽民同志题写的碑名:"中国人民红军抗日先锋军纪念碑",背面镌刻详述红军东征历史壮举的碑文。

红军东征纪念馆是全国唯一一所全面反映

红军东征纪念亭

中国工农红军东征抗日历程的专题纪念馆。它的建成填补了国内以纪念馆的形式反映我党我军这一段光辉历史的空白，成为国内研究红军东征、收集保存红军东征时期革命文物资料的重要阵地。2009年被中宣部定为全国爱国主义教育示范基地，列入全国红色旅游经典景区二期名录。

红色链接

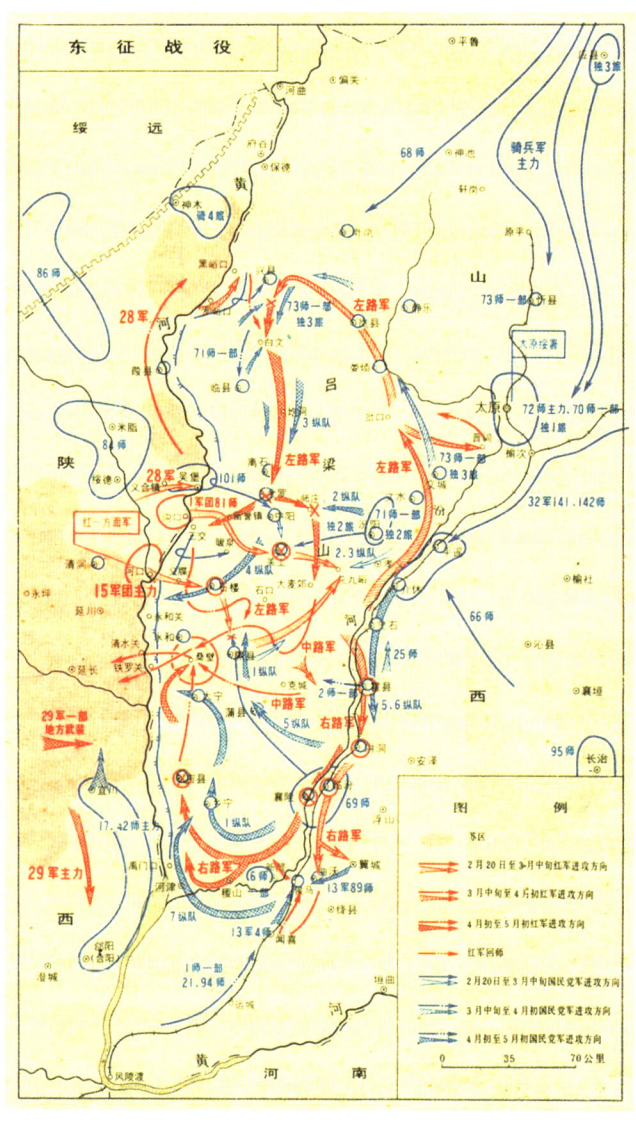

1935年10月，中央红军长征到达陕北，结束了战略转移。

当时，日本侵略者导演的"华北五省自治运动"正在进行，华北危机日趋严重，而国民党政府却继续推行其"攘外必先安内"的方针，正在调动几十万大军对陕北苏区大举进犯，妄图乘中央红军立足未稳之际，一举消灭之。中央红军经过二万五千里长征到达陕北后，部队仅剩下不足1万人，体质和装备都很差，急需扩军休整，

红军东征战役示意图

筹款补充。为发展党和红军的力量，扩大陕北苏区，聚积抗日力量，肩负起救国救民的重任，中共中央于1935年12月在瓦窑堡召开政治局会议。会议分析了国内外形势，讨论了转变党的策略方针的必要性和建立抗日民族统一战线的可能性，制订了抗日民族统一战线的方针和政策。会议确定红军军事战略的基本原则是：把国内战争同民族战争结合起来，准备对日作战；红军的军事部署和作战行动，应确定地放在"打通抗日路线"与"巩固、扩大现有苏区"这两个基点上。具

瓦窑堡会议旧址

中国工农红军举行抗日誓师大会

体步骤是：把红军行动与苏区发展的主要方向，放在东边的山西和北边的绥远等省。组成中国人民红军抗日先锋军，彭德怀任总司令，毛泽东任总政委，叶剑英任总参谋长，杨尚昆任总政治部主任。

1936年2月20日，我东征红军在毛泽东亲自指挥下，在100余里的黄河上强行东渡，之后兵分三路向吕梁山深处长驱直入，形成了中路牵制晋绥军主力，左右两路分头北上南下发展的进攻态势。三路大军根据敌情，不时调整与变换部署，纵横驰骋于晋西北、晋中与晋南一带，以至兵临太原、席卷汾晋，威震河东，取得了一个又一个的胜利，沉重地打击了蒋阎军。

为了保存抗日力量，促进国内统一战线工作的开展，根据当时国内形势的变化，在东征达到预期目标之后，毛泽东果断做出东征红军回师的

决定。

红军东征从1936年2月20日东渡黄河到5月5日回师陕北，历时75天，转战山西50余县，击溃了阻拦红军东进抗日的晋军5个师，歼灭其7个团1.3万人，摧毁了阎锡山苦心经营的黄河防线，把围攻陕北的阎军调回了山西，巩固了陕北根据地。红军在吕梁建立党群组织25个，苏维埃政权64个，创建地方游击队30支，扩充红军8000余人，筹款50万银元，缴获了一批军用物资。红军东征，扩大了党和红军的影响，在山西播下了抗日的火种，完成了从反蒋抗日到逼蒋抗日的战略转变，为全国抗日民族统一战线的形成和山西抗日根据地的建立，创造了有利的契机和条件，是中国革命走向高潮的一个里程碑，在我党我军历史上占有重要位置。

红军东征时的毛泽东

红军东征时的周恩来

东征前的红军将领，左起：左权、彭德怀、聂荣臻、陈赓、孙毅、聂鹤亭。

1936年2月下旬，红军东征期间，协助地方成立的山西省中阳县苏维埃革命委员会旧址。

🔥 红色故事

一个瓷碗的故事

1936年3月中旬，毛泽东率红军总部来到灵石县西庄村（现属石楼县）。有一位红军战士走进老乡王金柱家时，发现老人正患病躺在大炕上，红军战士就请来了医生给老人看病，还给老人从药铺买来了药。第二天，王老汉的病好多了，这位战

革命一级文物——瓷碗

士又叫来医生给老人看了病。临走时，红军战士向王家借了一斗小米和一桶酸菜。第四天，红军战士背着一斗多麦子，提了一桶盐，并拿着一只细瓷碗走进了王家，没等王金柱老人开口，红军战士就抱歉地说："前两天在这里住，麻烦您很多，我们马上就要走啦，这点麦子和盐给你留下，那天，不小心打碎了你家的碗，这只瓷碗就送给你了。"王金柱听了不知说什么才好，心想，地主老财放高利贷，放一斗收二斗，我借给红军一斗小米，就给了一斗小麦，吃了点酸菜，就要还盐，打了个粗碗，就赔了个细瓷碗，这怎么能行呢？说什么也不能要。两人再三推让，红军战士就是不依，还说："借东西要还，损坏东西要赔，这是红军的纪律。"说罢，行了一个军礼，一溜烟跑出了窑院……

羊皮筏子助东征

羊皮筏子是晋陕黄河两岸最古老、最原始的一种渡河工具，当地称它为"浮筒"。它制作讲究，重量轻，体积小，浮力大，坚韧耐磨，便于携带。在旧中国，晋陕黄河两岸的百姓几乎家家都有这么几只羊皮筏子，以备逃难。

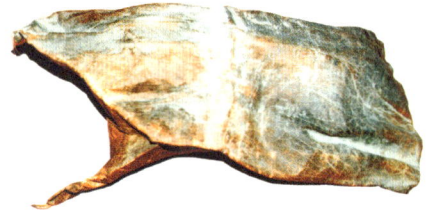

革命一级文物——羊皮筏子

东征渡河，船只严重短缺，而且在山西黄河沿岸，阎锡山修建了大量明碉暗堡阻击红军东渡。紧急时刻，陕北人民纷纷献出了自己的羊皮筏子，援助红军东征，一时间，在滔滔的黄河上漂满了滚圆的羊皮筏子。东渡胜利结束，船工们看到许许多多的羊皮筏子上都留下了战士的斑斑血迹。

红色经典

毛泽东在东征时写下了脍炙人口的《沁园春·雪》

红军东征歌

陆定一 词

```
F 4/4
5  5   6  1   5  —  | 6 5   3 5   1  —  | 5  6  1   3  6  5 |
密云  遮星  光,       万山  乱纵  横,       黄河  上渡  过
猛虎  扑羊  群,       奋勇  向前  进,       只见  那白  军
红旗  山西  飘,       同胞  齐欢  迎,       卖国  贼阴  谋

2  5  5  3  2   1  —  | 1 2  3 5 2 5 3   1  |  2  2 3 6 1 6   5 :||
民族  英雄  们,        摩拳  擦掌 杀气 高,     我们  铁的 红军。
连滚  又带  跑,        猛打  猛冲 又猛 追,     追到  石   楼  城。
胆战  又心  惊,        沿河  堡垒 一扫 尽,     吓掉  汉   奸  魂。
挨了  当头  棒,        抗日  救国 大家 来,     工农  商   学  兵。
```

🌳 周边美景

天下黄河第一湾　位于山西省石楼县辛关镇,最佳观景点为马家畔。从高处俯视,该湾西窄东宽、尾部圆满、宛如葫芦状,两面基本对称,湾面宽阔,水流平稳,入湾处至出湾处水流总距离为8000米,被称为"万里黄河上最美丽的湾",曲与直、高与低、陡与缓、满与缺、宽与窄、天与地、山与水、土与石、黄与绿、历史与现实、人文与自然达到了高度和谐。

02.兴县晋绥解放区烈士陵园

场馆概况

晋绥解放区烈士陵园位于兴县城区北侧玉京山下。建于1953年，占地面积8000余平方米。陵园依山而建，分上、中、下三个庭院。上院中央矗立着晋绥烈士纪念塔，塔高13米，塔身正面刻有毛泽东主席亲笔题写的"晋绥解放区烈士塔"八个大字，塔身背面和两侧分别刻有贺龙、林枫、李井泉、武新宇同志的题词；塔后的窑洞为晋绥烈士纪念室，陈列着1600多位晋绥烈士英名，安葬着122位晋绥革命烈士遗骨；窑上方的展室内陈列着晋绥烈士的英雄事迹；从山下沿100余级石阶而上至玉京山顶，有山门及纪念亭，还建有"四八"烈士、晋绥风云人物展室，陈列着1946年4月8日王若飞、秦邦宪（博古）、叶挺等在兴县黑茶山遇难烈士的遗像、生平事迹及部分遗物、飞机残片，还陈列着在晋绥革命根据地战斗、工作并做出重大贡献的贺龙等300多位晋绥风云人物的图片。中院为花园，小桥泉池别致，泉水潺潺。下院建有斗拱式古建筑悼念大厅，正阁悬挂江泽民题写的"继承先烈遗志，弘扬英雄精神"题词。现为全国重点烈士纪念建筑物保护单位，山西省爱国主义教育基地。

晋绥解放区烈士塔

红色故事

抗日英雄蒋三

蒋三（1913—1942），原名万寿，出生在汾阳县唐兴庄村一个贫苦农民家中，因在家中排行老三，又名蒋三。青少年时靠揽工扛活为生。其性格刚毅，爱好武术，经常狩猎，练得一手好枪法。

1938年，与弟蒋四投身抗日，协助我军民夺取敌占区宁合头粮站小麦3万余斤。日军四处捉拿蒋三，均未得逞。后来他参加新军工卫旅游击队，带十几名队员埋地雷、撬铁轨、剪电线、除汉奸，打击小股敌人，消灭日伪武装，使敌人惶恐不安。1941年春，在回回堡战斗中击毙日军小队长高桥，受到上级表彰，奖励手枪1支。一次，蒋三夜闯汉奸王力青家，喝问道："你不是要把我献给日本人吗？"王惊魂未定即被一枪送命。"汾阳城东三根刺，东林、二丑、毛吉利"是指3个铁杆汉奸，蒋三用计，以"感谢"奉送枪支弹药为名给他们写信，诱使日军将其处死。1942年4月，他带领7名队员在六合园饭店，击毙多次出卖、杀害抗日军政人员的伪防共自卫团团长王林甫。他不顾安危经常出没敌占区，设法搞物资，给山区部队输送给养，解决生活急需。

1942年6月6日，蒋三骑车回家乡唐兴庄执行任务时，与先到村内的日伪军遭遇，交火中腿部中弹。敌四面包抄并高叫"捉活的！"他临危不惧，毙敌数人后壮烈牺牲，时年30岁。

作家马烽依据蒋三事迹创作了电影剧本《扑不灭的火焰》。

03.文水刘胡兰纪念馆

场馆概况

刘胡兰纪念馆坐落在文水县刘胡兰村（原名云周西村），前身为刘胡兰陵园，建于1956年，1957年1月12日落成并对外开放。1959年改称刘胡兰纪念馆，郭沫若首题馆名。1959年、1976年曾两度调整布局，重新整修扩建。

刘胡兰纪念馆

1996年又实施了较大规模的维修改造工程，增设了刘胡兰事迹影视室、纪念刘胡兰就义50周年书画室，以及党和国家领导人的题词碑。2007年进行了改陈扩建工程，现占地面积6.3万余平方米，展陈面积2000平方米，位居全国个人烈士纪念馆首位。整体建筑以纪念碑与陵墓为中轴线对称分布，凝重典雅。是全国重点烈士纪念建筑物保护单位，全国百个中小学爱国主义教育基地之一，全国爱国主义教育示范基地，列入全国红色旅游经典景区。

红色人物

刘胡兰（1932—1947），山西省文水县人，8岁上小学，10岁起参加儿童团，被选为村儿童团长，带领伙伴站岗放哨查路条、侦察敌情、运送武器弹药等。1945年1月，参加了西社夺粮战斗。同年10月，参加了妇女培训班，被选为小组长，在群众大会上，揭露恶霸地主残害群众的罪行，受到区里表扬。培训结束回村后担任村妇救会秘书，组织妇女办冬学，帮助军烈属解决困难，支前和慰问部队等。1947年1月12日因叛徒告密被捕牺牲，当时尚未满15周岁。随后，刘胡兰被中共晋绥分局追认为中共正式党员。

🔥 红色故事

视死如归

1947年1月12日拂晓，国民党阎锡山军和地主武装"复仇自卫队"100余人，突然包围了云周西村，并封锁了各个路口。敌军一营特派员张全宝命令鸣锣召集全村群众到村南的观音庙前开会，并要求：一家只准留一人看门，否则按"私通八路"论处。由于叛徒石五则的告密，敌人已逮捕了多名村里的干部和积极分子。一个"复仇队"员认出了刘胡兰，威逼利诱她去"自白"。刘胡兰轻蔑地看了他一眼，什么话也没说。她明白：她正面临着一场生与死的考验。她缓缓卸下指环，从衣袋里掏出一块洗得干干净净的手帕和一个空的万金油小盒，把它们郑重地交给了继母胡文秀。这时，敌人扑进人群，把刘胡兰抓了出来，

刘胡兰从容就义（油画）

推进庙里。敌人在观音庙的西厢房里开始审讯刘胡兰。张全宝问："你们村村长是谁杀的？"刘胡兰斩钉截铁地回答："不知道！""你给八路军做过些什么工作？""我什么都做过！"刘胡兰的回答令敌人极为

吃惊。他继续问道:"这阵子你和八路军是怎样通信的?""没有通过信。" 张全宝得意地冷笑道:"现在有人供出来了,说你是个共产党员。" 刘胡兰正义凛然地回答:"说我是共产党员,我就是共产党员,是共产党员又怎样?""你们村还有谁是共产党员?""就我一个!" 张全宝又哄骗道:"'自白'就是自救;你'自白'了,给你一份土地。""你就是给我个'金人',我也不'自白'。" 张全宝气得直拍桌子,吼叫道:"你小小年纪好嘴硬!你就不怕死?" 刘胡兰厉声答道:"怕

儿童团长刘胡兰在站岗放哨(实景油画)

刘胡兰纪念馆碑铭

死就不当共产党!" 张全宝要刘胡兰当着大家的面保证以后不再为八路军办事,就马上释放她。刘胡兰立刻顶了回去:"那可办不到!" 张全宝气急败坏,喊道:"给我绑下去铡了。" 几个士兵一拥而上,把刘胡兰绑了起来。刑场周围架着机关枪,中间堆放着一堆木棒和两口闪着寒光的铡刀。敌人宣读了刘胡兰等七人的所谓"罪状"之后,威逼群众回答:"这七个人是好人还是坏人?" 群众的回答像平地响起一声惊雷:"好人!" 敌人慌了神,架起机枪瞄准群众,并疯狂地叫着、骂着,再不让群众讲话。残暴的敌人穷凶极恶,想用死来逼迫刘胡兰就范,便开始了一场惨绝人寰的大屠杀。石三槐、石六儿等六名同志一个个被他们残忍地用铡刀杀害。刘胡兰凛然屹立在刑场中央,为战友的牺牲而悲痛,更为他们死得其所而骄傲。她毫无惧色,双目喷出火焰,怒视着匪

徒们，愤怒地喝道："我咋个死法？"张全宝完全绝望了，狂叫道："一个样！"刑场上的群众愤怒了。面对烈士的鲜血，千仇万恨一起涌上刘胡兰的心头，她咬紧牙关、昂首挺立，斩钉截铁地说道："死有什么可怕？""要杀要砍由你们，怕死就不是共产党员！"为了保护乡亲们不受伤害，刘胡兰大义凛然，甩了甩齐耳的短发，望了望人群中纯朴的父母和可爱的妹妹，默默地告别了众乡亲，毫不畏惧地踏着六位烈士的鲜血，从容镇定地躺在刀床上，壮烈牺牲在敌人的铡刀下。

➡ 红色链接

毛主席两次为刘胡兰题词

1947年2月4日到18日，党中央组织延安各界慰问团在文水县活动期间，听到当地百姓广为传颂刘胡兰英勇就义的事迹，十分感动并引起对这个英雄人物的关注。慰问团完成任务后，副团长张仲实同志向中央领导汇报了刘胡兰的感人事迹，以及吕梁区党委副书记解学恭同志要求党中央为刘胡兰题词的请求。任弼时同志听后甚为感动，很快便向毛主席做了汇报。毛主席心情非常沉重，当即挥笔写下了"生的伟大，死的光荣"这一光辉题词。8月1日，中共晋绥分局决定追认刘胡兰同志为正式党员，号召人们向刘胡兰学习。从此，刘胡兰的名字传遍了大江南北，成为人们学习的榜样。

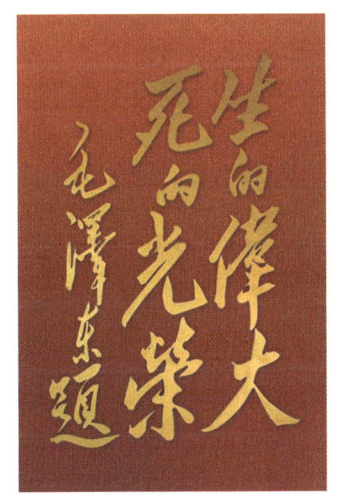

为学习刘胡兰的事迹，山西文水人民于1956年在刘胡兰家乡云周西村建立了刘胡兰纪念馆。开馆之前，毛主席得知他在1947年为刘胡兰题的词，因战争丢失了，又挥笔再次为刘胡兰写下了"生的伟大，死的光荣"八个大字，这八个大字从此镌刻在刘胡兰纪念馆巍然高耸的汉白玉石碑上。

❋ 红色语录

在中国革命战争年代献身的英烈中，刘胡兰是唯一一位由毛泽东、邓小平、江泽民三代领导人题词的革命烈士。

毛泽东同志题词：生的伟大，死的光荣。

邓小平同志题词：刘胡兰的高贵品质，她的精神风貌，永远是中国青年和少年学习的榜样。

江泽民同志题词：发扬胡兰精神，献身四化建设。

❋ 红色经典

战友文工团、海政歌舞团新编歌剧《刘胡兰》，其中《数九寒天下大雪》选段成为脍炙人口的名曲。

20世纪50年代山西省晋剧院创作的晋剧《刘胡兰》作为保留剧目一直公演至今。1998年，山西省歌舞剧院创作了刘胡兰题材的舞剧《傲雪花红》，舞蹈《胡兰魂》。

1994年，中央电视台和山西省话剧院共同拍摄了电视剧《刘胡兰》；2003年，由华夏电视制作公司摄制了三集政论片《刘胡兰》，在中央电视台播出。

🌳 周边美景

庞泉沟 位于山西省交城县城西北100公里的关帝山腹部，是莽莽黄土高原保存完整的一个绿色宝库。景区总面积105平方公里，动植物资源非常丰富。景区内乔灌丛生，野草茸茸，森林茂密，素有"华北落叶松故乡"之称；鸟兽180多种，其中有国家重点保护动物褐马鸡、黑鹳、金钱豹等18种，是国家级自然保护区。

则天庙 位于山西省文水县城北5公里处的南徐村北面。它西傍吕梁山，东靠文峪河，是一处山清水秀的名胜地。庙宇坐北向南，中轴线上从北到南有正殿、乐楼、雕像、山门；两翼建筑有偏殿、配殿、碑廊、鱼池、回音亭等30多间殿宇，占地面积约2.6万平方米。院内柳树成荫，花草遍地。庙内有武则天政绩陈列，武则天家族史料陈列，各地与武则天有关的名胜古迹陈列。

杏花村遗址 位于汾阳市杏花镇东堡。遗址范围较广，面积约15万平方米，东至窑头、辛庄，北至冯郝沟缓坡丘陵地带，后连起伏的吕梁山脉，地势北高南低。早在南北朝时，杏花村酿酒就已闻名天下，历代文人学者都曾赋诗赞赏。

04.柳林三交镇红色景区

场馆概况

三交镇红色景区位于柳林县城西南37公里处，西临黄河，因地处中阳、石楼及陕西清涧三县之间，故名三交。占地面积2.1平方公里，自古就有"鼓击震两省、鸡鸣惊四

刘志丹将军石雕像

县"之美誉。

1936年2月红军东征在此地强渡黄河，拉开了东进抗日的序幕。周恩来莅临此地，亲自指导建立了山西省第一个红色政权。

景区包括刘志丹烈士殉难处、三交镇红军东征纪念馆、坪上渡口纪念碑、红军东征强渡黄河浮雕等。

刘志丹烈士殉难处 位于三交镇党家寨村鏊子疙瘩山顶。该处南北两面均为大山，西临黄河渡口，地势险要。山顶长不过100米，宽不足30米，是一座光秃秃的红土小山头。1993年，当地政府在刘志丹殉难处修建了纪念亭。1995年被确定为山西省爱国主义教育基地。

三交镇红军东征纪念馆 建在山西省第一个红色政权——中阳县（现属柳林县）苏维埃革命委员会旧址的四合院里，这里有周恩来办公旧址、毛泽民办公旧址、刘志丹和宋任穷实物展室、红30军扩军处、山西省第一个红色政权旧址、红军征粮处等，共14个展室。仅刘志丹烈士的图片、信件、批阅的文件、会议记录和所率部队遗留下来的实物等革命文物就多达500余件。

红军强渡坪上渡口纪念碑、红军东征强渡黄河浮雕 1936年2月20日晚8时，红一军团红2师5团的25名勇士从陕西绥德县沟

口村下面的华石畔分乘8只小船驶出，向对岸山西省柳林县三交镇的坪上村进发。5团在坪上渡口登岸后直捣三交镇，全歼晋军1个营。坪上渡口，是红军东征最早登陆的渡口。红军东征领导人彭德怀、邓小平、周恩来等都在此渡河。红军强渡黄河浮雕，生动地再现了红军英勇强渡黄河的历史画面，浮雕旁的石壁上刻有红军东征简介。

🚩 红色人物

刘志丹

刘志丹（1903—1936），字子丹，陕西保安县（今志丹县）人，是陕北红军创始人之一。1924年，他成为陕北社会主义青年团的第一批团员，1925年转为共产党员。1926年黄埔军校第4期步兵科毕业后参加北伐战争。1927年大革命失败后刘志丹转入地下活动，秘密动员西北军一部于1928年5月在渭华发动起义，失败后，于1929年春返回陕北，任特委军委书记，1931年秋在照金、南梁一带建立了最初的根据地。翌年初，他又将所部改编为红军陕甘游击队，年底正式建立红26军（兵力仅一个团）。

1933年5月，红26军南下三原失败，刘志丹突围后又返回陕甘边区的照金根据地，发动群众开展游击战。1934年2月至4月，刘志丹指挥部队九战九捷，以劣势兵力取得了西华池等战斗的胜利，挫败了国民党军对陕甘边苏区的第一次"围剿"，建立了陕甘边工农民主政府，进一步巩固和发展了革命根据地。此时，南方苏区各主力红军被迫长征，陕甘苏区成为红军长征的落脚点，红25军和红一、二、四方面军都长征到达这里，党中央最终决定把中国革命的大本营放在陕北。

中共中央到达陕北后，刘志丹历任西北革命军事委员会后方办事处

版画《刘志丹》

副主任、红军北路军总指挥兼第28军军长、中共中央所在地瓦窑堡警备司令等职。1936年3月，刘志丹率红28军参加东征战役，在晋西北连克敌军。4月14日在中阳县三交镇战斗中英勇牺牲，时年33岁。

毛泽东同志称他是"群众领袖，民族英雄"。周恩来同志题诗说："上下五千年，英雄万万千，人民的英雄，要数刘志丹。"朱德同志称他是"红军模范"。为纪念他，中共中央和陕甘宁边区政府决定将保安县改名为志丹县。

毛泽东为刘志丹题词

🌳 周边美景

黄河三峡母亲峰景区 面积为15平方公里，有闯王寨、天然母亲峰、情人谷、天壶瀑布等风景名胜。

天壶瀑布

天然浮雕

闯王寨

05.柳林贺昌烈士陵园

场馆概况

贺昌烈士陵园位于柳林镇贺昌村下南坪西，始建于1984年，占地面积2万平方米，由贺昌烈士纪念碑、英名馆、莲花池、长廊、草坪等组成。胡耀邦、聂荣臻同志为纪念碑亲笔题词。四周围墙，墙内广植树木花草，环境幽雅，空气清新。1986年被山西省人民政府公布为省级重点革命纪念建筑物、山西省爱国主义教育基地。

贺昌烈士纪念碑

红色人物

贺昌（1906—1935），原名贺颖，又名其颖，表字伯聪，山西省柳林人。贺昌出身于封建士绅家庭。1920年春，考入省立太原第一中学。1921年5月1日，在高君宇指导下，太原社会主义青年团在山西省立一中（今太原五中前身）正式成立。参加成立会议的第一批团员有王振翼、贺昌、李毓棠、武灵初、梁震、姚錞等进步学生。会议决定暂编为一个

贺昌烈士陵园一角

贺昌烈士塑像

团小组,选举王振翼为组长,以《平民周刊》为团刊,以"唤醒劳工,改造社会"为团的宗旨。贺昌入团后,积极开展革命活动。1922年5月中旬,参与发动和领导太原大国民印刷厂罢工斗争。9月,中国社会主义青年团太原地方委员会成立,年仅17岁的贺昌被推选为太原团地委书记,担负起领导山西青年革命运动的重任,省立一中成为山西革命运动的中心,领导省立一中学生开展了驱逐反动校长的学潮。10月,协助中国劳动组合书记部到太原指导工人运动的同志,成立了正太铁路总工会太原分会,并兼任分会秘书。1923年2月,京汉铁路二七大罢工爆发,他领导太原工人积极响应,举行同盟罢工。1923年7月,贺昌加入中国共产党。这年秋天,团中央调贺昌到上海工作,从此他开始了职业革命家的生涯,先后担任团中央委员、常委、团中央农工部长、共青团湖北省委书记、团中央劳动部长、中共中央南方局宣传部长、中共广东省委书记、中共顺直省委书记、中共中央北方局书记、中国工农红军第5军政治委员、红三军团政治部主任、中国工农红军总政治部副主任、代理主任。其间,他参加和领导过上海工人3次武装起义、南昌起义、广州起义。在1927年召开的中共第五次全国代表大会上,当选为中央委员。中央红军主力长征后,奉命留在中央革命根据地,任中央军区政治部主任,与项英、陈毅一起领导留守红军和地方游击队坚持斗争。1935年3月5日,他率领一支红军部队突围时,在会昌河边负重伤。当敌军扑上前来时,他将最后一颗子弹留给了自己,壮烈牺牲,年仅29岁。

贺昌是中国杰出的无产阶级革命家，早期青年运动卓越的领导者，中国共产党优秀的高级党务工作者，中国工农红军政治工作的主要领导人。

贺昌同志短短的一生，是战斗的一生，革命的一生，光辉的一生。在他短暂的一生里，为人民立下了不朽的功绩。

红色经典

听闻贺昌牺牲，陈毅同志挥泪为战友写下了五言史诗：

哭阮啸仙、贺昌同志

环顾同志中，阮贺足称贤。
阮誉传岭表，贺名播幽燕。
审计呕心血，主政见威严。
哀哉同突围，独我得生全。

06.兴县"四八"烈士纪念馆

场馆概况

"四八"烈士纪念馆大门

"四八"烈士纪念馆位于兴县东会乡庄上村，黑茶山南部，距县城45公里，纪念馆建于1960年，建筑面积378.7平方米，占地面积1730平方米，整个建筑坐北向南，有大厅5个，大厅里陈列着王若飞、叶挺、邓发等烈士灵位、遗像、悼词、简历、记事碑等，陈列着烈士

"四八"烈士纪念馆新馆效果图

生前革命活动史料和图片。王若飞等5位烈士及随员的13块石刻灵位（另有两通石碑）分载着烈士简历和遇难经过。是山西省爱国主义教育基地，2005年列入全国红色旅游经典景区名录，2009年该馆实施改陈扩建工程。

红色链接

1946年1月，国民党召开了一手包办的国民参政会，公然彻底撕毁政治协商会议决议和《东北停战协议》。4月8日，中国共产党代表王若飞、秦邦宪因形势严峻，不得不冒恶劣天气，由重庆飞回延安向党中央汇报请示。由于天空阴雨，飞机迷失方向，超越延安，于当日下午2时在兴县黑茶山遇浓雾失事，机上人员全部罹难。遇难者有：政治协商会议中共代表、中共中央秘书长王若飞，解放日报社兼新华社社长、政协宪章审议委员会中共代表秦邦宪（博古），新四军军长叶挺，叶挺夫人李秀文，中共职工委员会书记邓发，还有王若飞之舅父、贵州教育家黄齐生，第十八集团军（八路军）参谋李少华、彭踊左，以及随行魏万吉、赵登俊、高琼（女）和叶挺之子阿九、其女叶扬眉，黄齐生之孙黄晓庄及4名美军驾驶人员。为悼念烈士英灵，1978年修建了"四八"烈士纪念馆。

黑茶山

🚩 红色人物

王若飞（1896—1946），贵州安顺人。1919年由勤工俭学会派赴法国留学。1921年在法与周恩来、赵世炎、陈延年、蔡和森等组织社会主义青年团，次年成立了中国共产党旅欧支部，加入了中国共产党。抗战期间，先后担任过中共中央秘书长，中共中央华北、华中工作委员会秘书长，中央军委参谋长，八路军副参谋长，中央军委总政治部秘书长、统战部长、

王若飞

联络部长等职，在此期间还担任过陕甘宁边区党委统战部长、宣传部长。1945年在中国共产党第七次全国代表大会上当选为中央委员。王若飞致力于国内团结，曾4次参加国共两党谈判，他的一生以全心全意为人民服务为最高宗旨，以自己的生命，实践了他离开重庆前对周恩来说的最后一句话"一切要为人民打算"，成为后人学习的楷模。

秦邦宪（博古）

秦邦宪（1907—1946），又名博古，江苏无锡人。1925年加入中国共产党，曾任共产主义青年团中央宣传部部长、书记，中共临时中央政治局常委、总书记，中共中央政治局委员、书记处书记，中共中央组织部部长等职，历届国民参政会中共参政员之一。1946年2月赴重庆参加国共谈判，为政治协商会议宪法草案审议小组委员会中共委员之一。牺牲时年仅39岁。

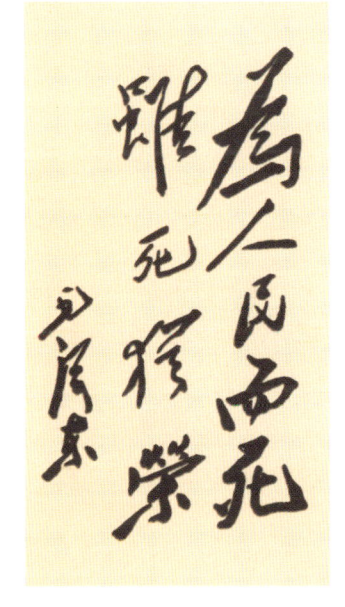

毛泽东为"四八"死难者题词

叶 挺

叶 挺(1896—1946)，字希夷，广东惠阳人。1919年保定军官学校毕业。1924年赴莫斯科东方劳动大学红军学校中国班学习，同年加入中国共产党。北伐战争中任国民革命军第四军独立团团长，因战功显赫，荣获"北伐名将"之誉，所部被誉为"铁军"。1927年，叶挺和周恩来、贺龙、朱德领导八一南昌起义，同年12月参加广州起义，任总指挥。全面抗战爆发后，叶挺任新四军军长。1941年"皖南事变"中被国民党当局非法扣押，在上饶、重庆、恩施等地被监禁5年零2个月，坚持斗争，曾作《囚歌》明志。抗日战争胜利后，经中央营救，于1946年3月4日获释。5日致电中央和毛泽东，要求加入中国共产党。中央于3月7日复电，决定接受他入党。4月8日，由重庆飞返延安，不幸遇难。

邓 发

邓 发（1906—1946），广东省云浮县人。1922年参加香港海员大罢工，1925年参加省港大罢工，任工人纠察队队长。同年10月加入中国共产党。后参加北伐战争。1927年春任中共广东油业总工会支部书记。同年12月参加广州起义。任中共香港市委书记、广州市委书记、闽粤赣边特委书记兼军委会主席等职。先后被选为中共苏区中央局委员、中华苏维埃共和国中央执行委员、中央政治局候补委员。1934年10月参加长征，任军委第二野战纵队副司令员兼副政治委员、中央纵队第一梯队司令员兼政治委员、陕甘支队第三纵队政治委员等职。1936年6月被派往苏联，任中共驻共产国际代表团代表。1937年9月回国，任中共驻新疆代表和八路军驻新疆办事处主任。1939年秋到延安，任中共中央党校校长。1940年初，任中央职工运动委员会书记，主持创办《中国工人》月刊。1946年4月8日由重庆返回延安途中，在黑茶山遇难。

07.兴县晋绥边区革命纪念馆

场馆概况

晋绥边区革命纪念馆位于兴县蔡家崖村，它北倚元宝山，南临蔚汾河，东离县城7.5公里，西距黄河15公里，始建于1962年，占地面积8500平方米，馆藏革命历史文物资料4300余件。馆址即原晋绥边区政府及军区司令部旧址，由三个院子组成，其中工作人员办公大院为后来续建，旧址部分为一大一小两个院子的套院，建筑物主要是石拱窑洞、砖包大门、起脊瓦房等，充分体现了20世纪三四十年代晋西北地方民居特色。现对外开放的原状陈列有毛泽东、周恩来、任弼时、贺龙同志的故居、旧居，有"晋绥干部会议会址""对《晋绥日报》编辑人员谈话旧址""六柳亭"等；辅助陈列有"晋绥边区革命斗争史陈列室""毛主席在蔡家崖革命活动展览""贺龙同志生平事迹展览""江泽民同志视察兴县展室"等。2005年，该馆被国家列入全国红色旅游经典景区名录，是全国爱国主义教育示范基地。2010年，新馆落成并对外开放。

贺龙元帅的雕像

➡ 红色链接

晋绥地区是中国抗日战争中主要的根据地之一。它包括山西省同蒲铁路以西的大部，原绥远省黄河以东及平绥铁路以南的广大地区，是华北、华中、华南各解放区与陕甘宁边区联系的枢纽和唯一通道。1937年，抗日战争全面爆发后，贺龙与关向应遵照党中央指示，率120师从陕北挺进抗日前线，开展了广泛的游击战争。120师在给敌人沉重打击的同时，广泛发动武装群众，开展兵民结合的武装斗争。1938年春，粉碎了日军对晋西北的"五路围攻"，收复了岢岚、保德、神池等7个县城，奠定了晋西北抗日根据地的基础。1938年11月，120师奉党中央之命开赴冀中，与冀中军民并肩作战，在黄土岭战斗中，击毙日军阿部规秀中将。1940年1月，晋绥边区抗日民主政权——晋西北行政公署在兴县蔡家崖成立，续范亭任行署主任。1940年6月，成立晋西北军区

1948年3月25日，毛泽东、周恩来、任弼时等东渡黄河，来到兴县蔡家崖，居住11天。对山西土地改革给予具体指导，并为《晋绥日报》题词。

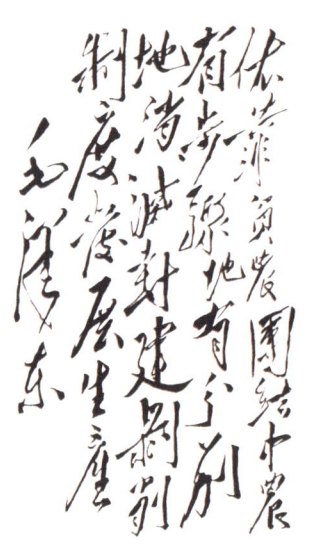
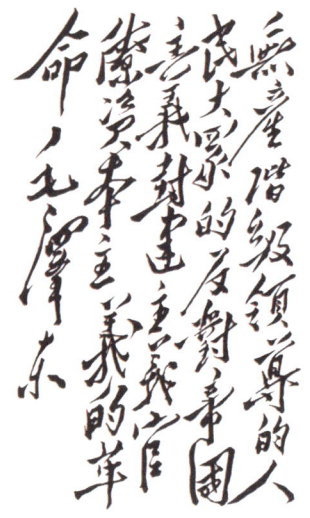

司令部，贺龙任司令员，军区下设4个军分区。晋绥抗日民主政权和军区的建立，表明晋绥抗日根据地成为陕甘宁边区的前卫阵地。1941年至1942年，敌人对边区封锁"扫荡"达30多次，累计400余天。边区军民开展了轰轰烈烈的大生产运动，掀起了军火自给反"扫荡"热潮。1942年10月，中共中央晋绥分局成立。此后数年，边区军民英勇奋战，使晋绥边区和晋察冀连成一片。1948年春，毛泽东、周恩来等在向河北转移时途经兴县，1948年4月2日毛泽东在蔡家崖接见《晋绥日报》编辑人员，发表了著名的《在晋绥干部会议上的讲话》，并亲笔题写了土地改革和新民主主义革命时期的总路线、总政策，对全国新老解放区的土改、整党工作，以及全国解放战争的胜利产生了深远影响。

红色人物

贺龙元帅

贺龙（1896—1969），党和国家、人民军队的卓越领导人，伟大的无产阶级革命家、军事家，杰出的共产主义战士，中国人民解放军的创建者之一，中华人民共和国元帅。原名文常，字云卿，湖南桑植人。1914年加入孙中山领导的中华革命党。曾任县讨袁护国军总指挥，湘西护国军营长，靖国军团长，四川警备旅旅长，混成旅旅长，建国川军师长。1926年参加北伐战争，任国民革命军第9军1师师长，第20军军长。1927年8月参加领导南昌起义，任起义军总指挥，同年加入中国共产党。土地革命战争时期，任中国工农红军第4军军长，中共湘鄂西前敌委员会书记，红二军团总指挥兼红2军军长、红3军军长，红二、六军团总指挥兼湘鄂川黔省革命委员会主席和湘鄂川黔军区司令员，红二方面军总指挥。

1935年率部长征。

抗日战争时期，任中共中央军委委员、八路军120师师长、120师军政委员会书记，率部开辟晋西北抗日根据地。1939年任冀中军政委员会书记、冀中区总指挥部总指挥。1940年任晋西北军政委员会书记、晋西北军政民联合委员会主任委员。1942年到延安，任陕甘宁晋绥联防军司令员。1945年当选为第七届中共中央委员。抗战胜利后，任晋绥军区兼晋绥野战军司令员、第一野战军副司令员、中共中央西北局第二书记、西北军区司令员、西安市军事管制委员会主任。

新中国成立后，任中央人民政府委员、西南军区司令员、中共中央西南局第三书记、西南军政委员会副主任。1952年任国家体育运动委员会主任。1954年任中央人民政府革命军事委员会副主席、国务院副总理兼国家体委主任、国防委员会副主席。1955年9月被授予中华人民共和国元帅军衔。1956年当选为第八届中共中央委员、中央政治局委员。1959年任中共中央军委副主席、中央军委国防工业委员会主任。

1969年6月9日逝世，享年73岁。

贺龙、关向应在前线指挥作战。

1938年3月，日军集中1万余人对晋西北根据地进行围攻，120师在贺龙、关向应指挥下英勇奋战，收复了岢岚、宁武等7座县城，歼敌1500余人。图为贺龙在反围攻前给团以上干部讲话。

🎗 红色故事

牛友兰和牛家"五美堂"大院

牛友兰，名照芝，晋绥边区著名爱国民主人士，教育家。出身富裕之家，曾求学于北京京师大学堂，接受孙中山的民主革命思想，先后筹办兴县第二高等小学堂、兴县第一所初级中学校。九一八事变后，牛友兰积极支持学生爱国救亡运动。抗日战争爆发

牛友兰

晋绥边区政府旧址

对《晋绥日报》编辑人员谈话旧址

晋绥军区司令部旧址

晋绥干部会议旧址

后，八路军120师来到晋西北开辟根据地，牛友兰倾囊奉献，积极支援抗日救国斗争，将五座宅院和一所花园庭院腾出供行署和军区司令部等机关驻扎。在抗日战争进入极端困难的年代，牛友兰为八路军和新军先后无偿奉献大洋3.1万元，粮食50余万斤，拿出大量布匹、棉花，提供了决死四纵队一个整团的冬季服装。积极鼓励子女参加革命，先后送子女十几人进入抗日军政学校学习，并参加了革命队伍。

1942年5月，牛友兰担任团长，带领晋西北士绅参观团赴延安参观学习，受到毛泽东的接见及中央和延安各界的热烈欢迎。

牛家兄弟五人，"五美"即此意，"五美堂"是牛家五兄弟的堂号。国难当头之时，他们慷慨奉献，毁家纾难，体现了无私奉献、热爱祖国的高贵品格，是晋绥人民的骄傲！

五年开荒开出个"兴县"

在晋绥边区革命纪念馆里陈列着一把锄头,是贺龙元帅在晋绥边区大生产运动中使用过的。当年,他就是用这把锄头带领晋绥边区的军民用五年时间开垦荒地195.67万亩,相当于当时兴县的面积。

1941年和1942年,是抗日战争最艰苦的相持阶段。由于日军的疯狂"扫荡"和连年的自然灾害,根据地生产受到了严重的破坏,国民党反动派对抗日根据地实行严密的经济封锁,使得根据地的军民生活极端困难。军队每人每天仅吃七两黑豆,还要勒紧裤腰带打仗、发展生产。有时连黑豆也吃不上,就吃瓜叶、树叶、草根、野菜。

为了克服困难,战胜敌人,贺龙领导晋绥边区军民开展了轰轰烈烈的大生产运动。他身体力行,以身作则,亲自带领司令部的机关干部开荒种地,植树种菜。蔡家崖村南面的柳湾,就是当年他们建造的。起初这里是一片寸草不生的盐碱滩,贺龙带领指战员栽上了柳树。当时续范亭同志住在蔡家崖养病,看到这里的景色,十分喜悦地写下了"新柳一湾沙土地,清晨日日打拳来"的诗句。

晋绥军区部队在开荒生产

08.交口红军东征总指挥部旧址

场馆概况

红军东征总指挥部旧址

红军东征总指挥部旧址位于交口县桃红坡镇大麦郊村东山坡上的一个叫作"城门里"的宅院里，距县城25公里，坐北向南，占地3000平方米。整组建筑为三进四合院落，每院逐次升高，高差18.79米，共有住房20余间。院内建筑由窑洞式结构和木结构形式建筑组合而成，为一处典型的晋西民居建筑群。门楣上悬挂着杨尚昆同志题写的"红军东征指挥部旧址"匾额。进入大门，北面的正房窑洞是毛泽东原来的住处，左右窑洞是警卫部队的住宅，现作为陈列室，在这里可以看到介绍红军东征的各种详细资料和一些实物。东西各有3间厢房，是其他领导同志的住处，厢房上建有阁楼与四周高墙相连，是全村的制高点，可远眺近望，便于警戒。南房是食堂兼会议室。1986年8月，旧址被省人民政府公布为省级第二批重点文物保护单位，1995年被山西省人民政府公布为省级爱国主义教育基地。

红色链接

红军东征在交口

1936年2月20日晚，红军从北起绥德的沟口、南到清涧县的河口，沿黄河西岸100余里的渡口，同时渡河。21日拂晓时分，红军主力突破晋军黄河防线后兵分三路，长驱直入，黄河岸边到处响起了胜利的歌声。

指挥东征作战时的毛泽东

2月26日，毛主席率领总部机关经石楼义牒、东石羊于3月2日到达交口县后水头。

3月3日，毛主席从后水头出发，路经交口、高庙山，行程70余里，到达大麦郊村，设立总指挥部协调各路红军的行动。

3月8日，中共中央政治局召开扩大会议，分析了当前的政治军事形势，及时调整了东进抗日的战略部署，制定了在兑九峪会战的方案。此次会议是红军东征的一次重要战略部署。

3月10日，毛泽东在郭家掌金斗山亲自指挥了兑九峪大战，重创了阎军的两个团。

3月12日，在郭家掌召开了抗日先锋军军团以上干部会议。毛泽东作了形势与任务的报告，决定兵分三路：红一军团为右路军，沿汾河和同蒲路南下作战，扩红筹款，相机分兵上党，挺进河北抗日前线；红15军为左路军，北上晋西北，威逼太原，相机挺进绥远、察哈尔抗日前线；毛泽东带领红30军、总部特务团和红81师241团、243团作为中路军，转战晋西，牵制阎军。

3月17日，毛泽东冒雪经城北沟、温泉庙、西岐沟、桃红坡等地，

红军帮助群众切草

红军所到之处受到群众的欢迎

到达双池镇附近的西庄村。红军在西庄纪律严明,秋毫无犯。当得知西庄祖祖辈辈吃水困难时,毛泽东便派红军战士寻找水源,终于打出了一眼"幸福泉"。从此,这里传唱起这样一首歌谣:"吃水不忘挖井人,恩人就是毛泽东;跟着红军闹革命,全国奋起打日本。"

4月上旬,毛泽东和叶剑英带领总部特务团及一部电台转战回龙、秦王岭、王上坪、义泉等地,于4月13日进抵康城。毛泽东一面指挥红军作战,一面亲自指导康城的地方

1936年4月15日,红军攻克山西吉县县城,全歼民团,俘敌县长以下300余人,缴获枪支200余支。

工作,发动康城群众创建苏维埃政权,分了地主、豪绅的土地和财物。此时,毛泽东身边只有总部特务团相随。在特务团干部会议上,毛泽东说:"我们要牵着敌人的牛鼻子走,减轻左路军和右路军的负担。"他把特务团分解成小部队,灵活机动地袭扰追敌,使阎军无法摸清中路军的虚实。

一天清晨,毛泽东和总部人员刚刚登上一座山头,就看到尾随的敌军骑兵扬起的大片尘埃。毛泽东不无幽默地说:"敌人欺负我们人少,好!那我们就在这里让他们见识见识。"特务团一个漂亮的伏击战,把敌人的骑兵打得人仰马翻。敌人向总部驻地打炮,炮弹呼啸着落在毛泽东住的窑洞上面,工作人员黄友凤跑了进来,喘着粗气说:"主席,快走吧,敌人朝我们打炮了。"毛泽东却镇静地说:"慌什么,他们又不知道毛泽东也在这里。等一会儿,他们炮弹打光了就不打了。"毛泽东一边抽着烟,一边在地图上勾画着。候地,毛泽东扔掉烟头,冲着彭德

怀、叶剑英、杨尚昆大声说："敌人已经从东、南、北三面向我们扑来，只有西边'网开一面'，那是通向黄河的路。我们不能听从阎锡山的安排，要从夹缝中向东迂回。"总部冲出包围圈后，不知情的阎军还在继续向黄河岸边推进，却一无所获。

周边美景

云梦山景区 位于交口县石口乡，距离县城15公里，海拔1750米，是一处以自然景观为主的旅游区。景区内林木茂盛，谷深幽静，山峰云环雾绕，取云仙梦境之意，故名"云梦山"。古人称颂云梦山："谁云名胜仅天台，此地帘岩曙色开。洞里无天云自霭，峰头有日雨时摧。野僧采药沿崖去，好鸟衔花傍水来。乘兴登临遥极目，恍似二岛一蓬莱。"

09.临县中共中央后委机关旧址

场馆概况

中共中央后委机关旧址位于临县城南25公里的双塔村，东靠吕梁山脉，湫水河绕村而过。这里交通方便，东连晋绥边区和晋察冀边区，西与陕甘宁边区隔黄河相望，是一处十分理想的屯兵之地和中转站。1947年4月至1948年3月，中共中央后委机关在这里驻扎。旧址于2009年被命名为省级爱国主义教育基地。

➡ 背景链接

1947年2月，蒋介石在全面进攻解放区的计划破产之后，在军事上被迫改为重点进攻，将进攻的重点置于山东解放区和陕甘宁解放区，妄图消灭西北人民解放军及中共中央领导机关。2月底，蒋介石亲抵西安，部署进攻延安。此时，国民党军有24万余人，美式装备，从三面包围陕甘宁边区，又有近百架飞机狂轰滥炸，而驻守陕北的部队不过2万多人，加上地方部队和游击队总共有5万人，敌我力量悬殊。1947年3月底，中共中央在陕北清涧县枣林沟村召开会议，决定撤出延安，转战陕北。并把中央和军委两大机关分成三个部分：毛泽东、周恩来、任弼时、陆定一率党中央的精干机关（简称"前委"）继续留在陕北，指挥陕北战场和全国战场，牢牢地吸住敌人。刘少奇、朱德、董必武和一部分中央委员组成中央工作委员会（简称"工委"），进入河北平山县西柏坡村，负责中央日常工作，主要负责党务、工运、土改，还负责指导华北作战。叶剑英、杨尚昆、李维汉、李克农等同志组成中央后方委员会（简称"后委"），统筹中央的后方工作。

1947年3月下旬，由叶剑英任书记的中共中央后委机关从陕北迁来临县。后委领导机关驻扎在临县双塔村，其他人员驻扎在双塔及湫水河沿岸的40多个村庄。中央后方委员会是一个庞大的机构，管理的人员最多时达5000多人。其主要任务是联络各战区，搜集作战情报和作战经验，经过整理加工之后，报告党中央及毛泽东主席，党中央根据后委所报告的情况，经过分析和研究做出指示、命令，然后再通过后委向全国传达；向中央前委、工委转达密电；为陕北解放区筹措转送军火物

1947年夏，叶剑英（站立者）在临县双塔村。

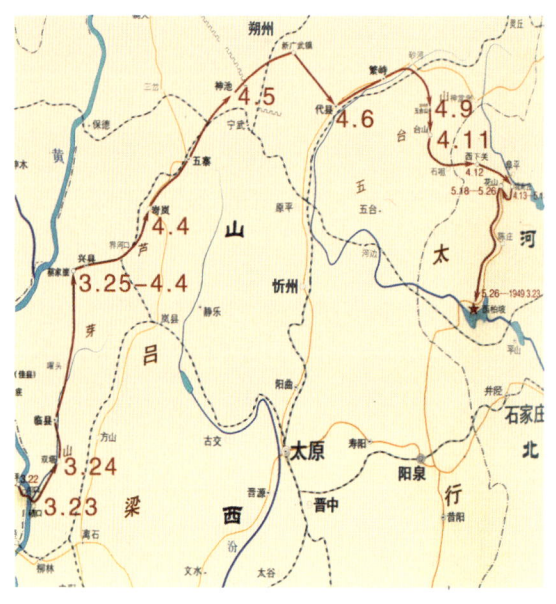

中共中央转战陕北到西柏坡途经山西路线图

资；负责对外宣传和编译出版外事资料；研究地下党工作和统一战线工作；训练蒋管区工作干部等。

1948年3月23日，毛主席等中央领导离开陕北，东渡黄河，进入了山西。24日，到达临县的三交镇双塔村。

3月25日下午，召开了由中央前委和后委全体人员参加的动员大会。在一片热烈的掌声中，毛主席充满激情地说："咱们都是转战陕北的战友啊！大家同甘共苦患难一年多，你们帮助我们做了许多事情，这要好好谢谢你们。你们记得吗？那次十几天的急行军，走了几百里、上千里的路程，打了沙家店，我们翻过了山坳，度过了最困难的时期，将陕北战争中的主动权掌握在我们手里。我们现在要到河北去，还要翻山越岭，还要经过最高山脉，路上还有敌人，虽然我们有部队掩护，主动权掌握在我们手里，敌人不敢轻举妄动，但我们仍要提高警惕，不能粗心大意。到河北平山县一带，那里条件要好些，对指导全国有利，所以我说，行军是艰苦的，可前途是光明的。翻过太行山这个最高山坳，我们也将是度过了最困难的时期，以后就越来越好，全国的胜利很快就要到来，同志们，努力吧！"

随后，毛主席一行经晋绥军区驻地蔡家崖，翻越五台山和太行山脉，抵达河北省阜平县的城南庄，5月26日到达西柏坡。

4月下旬，中央后委机关、部队及随从人员全部转移到西柏坡与中央工委会合。

🚩 红色人物

叶剑英（1897—1986），中国无产阶级革命家、军事家、政治家。中国人民解放军和中华人民共和国领导人之一，中华人民共和国元帅。原名叶宜伟，字沧白。广东省梅县人。1917年入云南讲武堂。参与筹建黄埔军校，任教授部副主任。1926年任国民革命军新编第2师师长，后任第4军参谋长。

叶剑英元帅

1927年加入中国共产党，参加领导广州起义。1928年赴莫斯科学习。1930年回国，任中央革命军事委员会委员兼总参谋部部长和红军学校校长，瑞金卫戍区司令员，红一方面军参谋长，福建军区司令员，军委四局局长，红军前敌总指挥部参谋长，红一方面军和军委参谋长。参加了长征。

抗日战争时期，任八路军参谋长，后在南京、汉口、长沙、桂林、重庆等地做统一战线工作。1941年任中央军委参谋长。

解放战争时期，任北平"军事调处执行部"中共代表，中国人民革命军事委员会副总参谋长，中共中央后方委员会书记，中国人民解放军参谋长，北平市市长兼军管会主任。

中华人民共和国成立后，任中共华南分局第一书记，率干部南下，广州解放后，任市长兼广东军区司令员。1953年调回北京，主管军训等工作，后任军事科学院首任院长。1955年被授予元帅军衔。曾获得一级八一勋章、一级独立自由勋章、一级解放勋章。

1976年10月，叶剑英坐镇指挥，一举粉碎了祸国殃民的"四人帮"。在新的历史时期，叶剑英任中共中央军事委员会副主席、人大委员长。1986年10月22日逝世，享年89岁。

🔥 红色经典

叶帅为人风趣，谈吐有文采，诗也写得好。毛泽东曾说"剑英善七律"，让陈毅向叶帅学诗。叶帅晚年写的"攻城不怕坚，攻书莫畏难。科学有险阻，苦战能过关"一诗，激励着我们为振兴中华而刻苦学习。他的政治智慧也是冠绝群雄的，毛泽东曾对叶剑英这样评价："诸葛一生唯谨慎，吕端大事不糊涂。"

🌳 周边美景

碛口 位于黄河晋陕峡谷中部，临县城南48公里处，是中国历史文化名镇。黄河由北而来，湫水从东而至，卧虎山横亘镇北，黑龙庙雄峙河东，山环水抱，阴阳交会，山的气势，河的雄浑，凝成了"虎啸黄河，龙吟碛口"的壮丽景观。从清乾隆年间到抗战爆发，200多年间，一直是中国北方著名的商埠重镇，享有"九曲黄河第一镇"之美誉。

北武当山 又名真武山，古称龙王山，位于方山县境内，吕梁山脉中段，南距离石市32公里。主峰香炉峰，海拔2254米，总面积约80平方公里。它集雄、奇、险、秀于一身，是吕梁山的一颗明珠，素有"三晋第一名山"之称，系我国北方道教圣地之一。

临汾运城地区

爱国主义教育基地

01.临汾战役纪念馆

场馆概况

临汾战役纪念馆，又名临汾烈士陵园，位于临汾市区城南尧庙北面，始建于1958年，是为纪念临汾战役中牺牲的烈士们而建造的。纪念馆坐北向南，亭台厅堂错落有致、松柏花卉随风飘香。门前有徐向前元帅的雕像，革命烈士纪念碑居园内中心。纪念碑正面是朱德元帅的亲笔题词"革命烈士永垂不朽"。园内还有圆顶公墓群等多处建筑。该馆是山西省爱国主义教育基地。

临汾战役纪念馆

红色链接

临汾战役

临汾素有"卧牛城"之称，为历史上著名的军事重镇。这座古城，内高外低，城墙坚厚，易守难攻。临汾战役发起时，城内驻有国民党阎锡山部第66师、胡宗南部第30旅及6个保安团和2个补训团，共2.5万人，由国民党军第六集团军副总司令兼晋南武装总指挥梁培璜指挥。

为解放晋南全境，配合西北、中原人民解放军春季作战，晋冀鲁豫军区于1948年2月3日决定组成前方指挥所，由军区第一副司令员徐向前任前方指挥所司令员，统一指挥第八、第十三纵队及太岳军区、晋绥之吕梁军区各一部共5.3万人，实施攻打临汾的作战计划。3月7日凌晨，在获悉胡宗南电令临汾的该部第30旅空运西安的情报后,第八纵部队抢占临汾机场,摧毁敌机两架。这样,临汾守敌成了瓮中之鳖。

4月16日,在扫清外围敌之据点和完成了攻取临汾城的作战部署后,晋冀鲁豫军区各攻城部队发起了进攻,与守军展开了以挖掘坑道和破坏坑道为中心的激烈战斗。国民党军派出飞机日夜轮番轰炸进攻部队的阵地,城内守军的炮火也不断轰击挖掘坑道的攻击部队,并以对挖坑道的方式来破坏进攻部队的坑道。在守敌的反制作战中,晋冀鲁豫军区部队在城东一线挖掘的15条破城坑道以及环绕破城坑道两侧上方的40余条掩护坑道,大部被毁。

经过一个月的争夺与反争夺、破坏与反破坏的激烈斗争,至5月16日,晋冀鲁豫军区进攻部队终于成功地将两条各长110米的破城坑道挖到了临汾城下,并分别填装了6200公斤的黑色炸药和3000多公斤的黄色炸药。17日下午5时30分,总攻击开始。随着3颗红色信号弹升空,一声闷雷般的巨响,犹如天崩地裂,坑道爆破成功,

临汾战役期间,徐向前(前)与周士第(后)等在临汾前线察看地形。

攻城部队土工作业组在临汾城周围赶挖坑道。

攻城突击队突入临汾城内。

1948年5月17日临汾解放。

东城炸开两个各50余米宽的大缺口。我军以排山倒海之势，突破城垣，冲进城中。垂死之敌再也抵挡不住解放大军的铁拳，上天无路，入地无门，乱作一团，狼狈不堪。

到次日凌晨2时左右，城防指挥部也被我军占领。到此，临汾攻防战基本结束。18日，守城总指挥梁培璜及其部下被我军生俘。

临汾战役历时72天，拔除国民党军在晋南的最后一个据点，有力配合了中原和西北战场的作战，并为尔后消灭晋中阎锡山主力创造了条件。我军以伤亡1.5万人的代价，攻克国民党在晋南苦心经营的战略要塞，摧毁大小碉堡400余座，是我军伟大战斗历程中的经典战例之一，是一次人民解放军由运动战向阵地战转移的重要战役。毛泽东曾这样评价："在临汾作战中，我军9个旅（约7万人）都取得攻坚城的经验，是一个很有意义的大胜利。"在战役中，由于第八纵队第23旅战功显赫，后被授予"临汾旅"光荣称号。

⚠ 红色丰碑

"临汾旅"（即中国人民解放军179旅）隶属南京军区，是中央军委于1971年确定的对外开放部队，迄今为止已先后接待过来自世界120多个国家和地区的国家元首、政府首脑、军事和民间代表团7000多人次，为外宾进行军事表演600多场，

临汾解放后，徐向前司令员检阅"临汾旅"。

荣获了1000多枚外国的勋章，有力地展示了我军威武之师、文明之师的形象，被誉为"中国陆军的窗口"。

周边美景

尧庙 位于临汾市区城南约3公里处，是为纪念中华民族的文明始祖尧而建的庙宇。始建于晋，现存为清代建筑。主体建筑包括：宫门、仪门、光天阁、尧井亭、广运殿、舜殿、禹殿、帝尧寝宫等，2001年新增尧都广场及尧都华表。

华门 亦称华夏文明之门，位于尧庙旅游区中心，象征中华民族屹立东方，它由基座、主门及门楼三部分构成。华门以秦汉风格兼容各代建筑精华，集历史纪念和游览观光于一体，是中国第一个门文化旅游景观，也是世界第一座门文化博物馆。

壶口瀑布 是黄河中游流经晋陕大峡谷时形成的一个天然瀑布，距吉县城西南约25公里。瀑布宽达30米，深约50米，最大瀑面3万平方米，是我国第二大瀑布。壶口瀑布水势汹涌，涛声震天，景色壮丽。抗日战争时期，革命诗人光未然，音乐家冼星海，就是在黄河壮丽情景的激励下，谱写出鼓舞人民斗志的《黄河大合唱》。

02.侯马彭真故居

场馆概况

彭真故居位于侯马市垤上村，彭真同志在这里度过他的青少年时代。1937年中共同蒲铁路工作委员会成立，工作地点就在彭真家的窑洞里。彭真同志生前曾三次回到故居，并在这里向乡亲们发表了讲话。故居占地1600平方米，为晋南典型农家土窑。故居中陈列着彭真同志当年用过的书籍、桌椅、农具和彭真同志从事革命活动的珍贵照片。是山西省爱国主义教育基地。

红色人物

彭真（1902—1997），原名傅懋恭，1937年改名彭真，山西曲沃人。伟大的无产阶级革命家、政治家，杰出的国务活动家，坚定的马克思主义者，我国社会主义法制的主要奠基人，党和国家的卓越领导人。为中国人民的解放和新中国的诞生，为社会主义革命和建设事业，为最终实现共产主义，顽强奋斗，建立了不可磨灭的历史功勋。

1922年考入山西省立第一中学，寻求救国救民的道路，参加进步组织青年学会，接

1949年7月1日彭真在北平。

受马克思主义思想。1923年加入中国社会主义青年团，同年加入中国共产党，是山西省共产党组织的创建人之一。曾任中共太原支部委员、书记，共青团太原地委书记。1925年任正太铁路总工会秘书，中共天津地委二部（区）委、一部（区）委、三部（区）委书记，中共天津地委组织部部长。1927年4月后任中共天津市委代理书记、书记，中共顺直省委常委、组织部部长、代理书记。1929年6月因叛徒出卖，在天津被捕，任狱中党支部书记。1935年秋刑满出狱，任中共天津工作组负责人。1936年任中共北方局代表，组织部部长。1936年至1937年间，曾协助刘少奇同志巩固和发展了"一二·九"爱

1938年3月，彭真作为中共中央北方局代表，常驻晋察冀边区。左起：关向应、彭真、聂荣臻。

1940年在晋察冀抗日根据地合影。左起：聂鹤亭、萧克、陈伯钧、彭真、舒同、黄敬、朱良才、陈漫远。

国学生运动的胜利成果。1937年5月任延安党的全国代表会议大会主席团成员。1938年2月任晋察冀分局(北方分局)书记。1941年赴延安任中央党校教育长，1943年3月任副校长。1944年任中央组织部代理部长，城市工作部部长。1945年任中央组织部部长，当选为中共第七届中央委员、政治局委员；同年8月增补中央书记处候补书记。

解放战争时期，任中共中央东北局书记，东北人民自治军(后为东北民主联军)第一政委。1947年回到中央，任中共中央工作委员会常委，指导晋察冀工作。1948年任中央组织部部长、政策研究室主任，12月兼北平

市委书记。1949年9月任第一届全国政协委员、中央人民政府委员；10月任政务院政法委员会副主任、党组书记，北京市委书记。1950年10月任中国人民保卫世界和平委员会副主席。1951年2月至1966年5月任北京市市长。1954年任第一届全国人大常委会副委员长，第二届全国政协副主席。1955年6月至1966年5月兼任北京市委第一书记。1956年任中共八届中央委员、中央政治局委员、中央书记处书记。1958年兼中央政法小组组长。1959年任第二届全国人大常委会副委员长，第三届全国政协副主席。1965年任第三届全国人大常委会副委员长，第四届全国政协副主席。"文化大革命"中遭到错误批判和残酷迫害，失去党内外一切职务并被关进监狱。1979年2月中共中央决定给他平反；6月任第四届全国人大常委会副委员长，全国人大常委会法制委员会主任；9月在中共十一届四中全会上当选为中央委员、中央政治局委员。1980年任中央政法委员会书记；9月任中华人民共和国宪法修改委员会副主任委员，"两案"审判指导委员会主任。1982年9月至1987年10月任中共第十二届中央委员、中央政治局委员。1983年6月至1988年8月任第六届全国人大常委会委员长。

1949年10月1日，彭真在中华人民共和国开国大典上。二排右二为彭真。

1958年，毛泽东、彭真在北京十三陵水库工地参加劳动。

1997年4月26日在北京逝世，享年95岁。

红色经典

《战地英雄》,又名《彭真》,是为了纪念彭真同志100周年诞辰,由全国人大常委会办公厅和中共北京市委联合摄制,八一电影制片厂、北京电视艺术中心承制的电视剧,于2002年拍摄。讲述了从1929年开始到1990年间彭真的事迹。与其他历史人物的文艺作品不同,《战地英雄》属于纪实类,剧中没有一个虚构的历史人物。

编剧:李晓明　导演:王利民

周边美景

晋博园　又称晋国故都博物馆,位于侯马市府西路,建于2003年10月。占地面积2公顷,建筑面积3200平方米,共分两大部分4个展厅,展出文物455件,是一座集中展示晋国新田文化的专题性博物馆。

晋博园大门

晋博园文物——编钟

晋博园文物——战车

03.红军东征永和纪念馆

场馆概况

红军东征永和纪念馆位于永和县阁底乡东征村,2005年重新修建,占地面积2500平方米,有"英明决策铸辉煌"、"红军东征在永和"和"老区人民爱红军"3个展厅,用大量的实物图片、塑刻作品再现了

红军东征的历史画卷,展示了当年东征红军的丰功伟绩。现为山西省爱国主义教育基地,并列入全国红色旅游经典景区二期名录。

红色记忆

东征战役

东征战役自1936年2月20日正式渡河,到5月5日晚红军西渡黄河回师陕北结束,历时75天,可划分为3个作战阶段。

第一阶段:突破晋绥军黄河防线,占领晋西有利阵地。

2月20日20时,东征战役开始。各军团突击队和先头团在预定的渡河点突破晋绥军防线,控制了河东滩头阵地,并积极扩展渡河场,掩护主力部队渡河。至23日,红军全部控制辛关至三交镇之间各渡口,占领了包括三交、留誉、义牒各镇在内的纵深35公里、横宽50余公里的地区。接着向东进攻,经石楼、隰县、关上村等战斗,至27日,共歼灭和击溃晋绥军5个团,俘1200余人,控制了石楼、中阳、孝义、隰县之间的吕梁山区。面对红军的凌厉攻势,阎锡山一面急电蒋介石,请求发兵增援,一面将

毛泽东东征时旧居

自己14个旅的机动兵力，集中编为4个纵队，分别从中阳、汾阳、介休、隰县各个方向对红军实施反击。红一方面军首长针对敌人行动企图的变化，改变原定在弧线内歼敌的计划，命令红一军团和红十五军团，除以一部兵力在原地钳制敌第一、第四纵队外，主力挥师向东，寻机歼敌。3月10日7时，红一军团、红十五军团主力乘兑九峪敌第二、第三纵队立足未稳，向其发起攻击，战至日终，击溃阎部第一线部队，歼敌约2个团。鉴于敌有6个旅的兵力，红军刚过黄河尚无根据地，所处地形也不够有利，方面军首长下令即行撤出战斗。在此期间，河西的红28军等部，乘入陕晋军东调之际，迅速进占宋家川、吴堡等地，收复部分被占苏区。

第二阶段：红军分兵南下北上作战，扩大战果。

兑九峪战斗后，阎锡山纠集4个纵队的兵力重新向红军发起反击。这时，蒋介石的中央军已陆续入晋。鉴于各路敌人集中向石楼方向反击，减弱了太原和晋西南、晋西北的防守兵力。方面军首长决定，以红一军团并指挥第81师主力为右

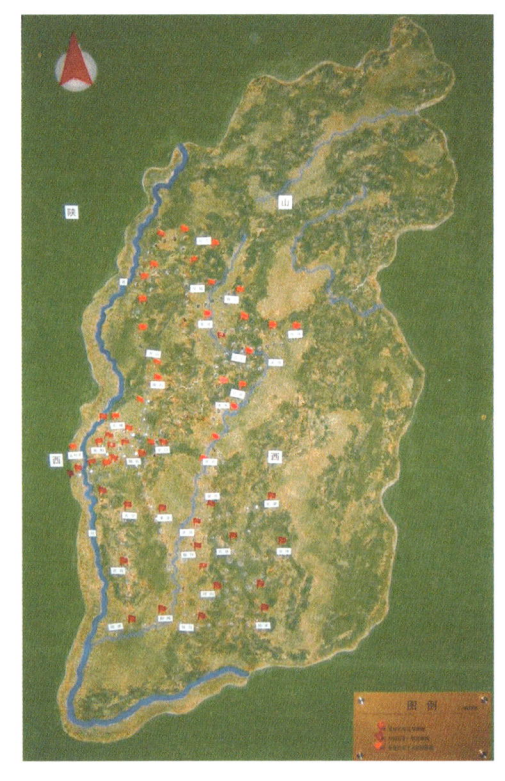

红军东征在山西开辟的主要战场，大有星火燎原之势。

红30军掩护红军西渡（电视截图）

路军，以红十五军团主力为左路军，分别向南向北发起进攻，扩大和发展战果；以红十五军团1个团另1个营，及新成立的第30军等部为中路军，担负牵制敌人、继续包围石楼、控制黄河渡口、维持后方交通等任务。3月16日右路红一军团及第81师南下，突破敌汾河堡垒线后，沿同蒲路急进，先后攻占了霍县、赵城、洪洞、临汾、襄陵、曲沃等广大地区，并攻占襄陵县城，破坏南同蒲铁路150余公里，并扩大红军3000余人，筹款7万余元。3月18日，左路军从灵石以西地区北上，经文水、交城地区，逼近太原附近的晋祠。由于阎锡山急调重兵防守太原，阻拦红军。左路红十五军团主力于26日经岔口镇、岚县向兴县方向前进，尔后转向康宁镇，同在罗峪口渡黄河的红28军会合。与此同时，中路红军与敌周旋，有效地牵制了敌军主力，配合了主力红军的进攻行动，并在石楼、中阳、孝义、隰县之间的广大地区开展群众工作，扩大红军。

红军渡河地点

第三阶段：集中兵力，打破"围剿"，回师陕北。

红军主力分兵南下北上后，蒋介石于3月下旬委任陈诚为山西"剿共"军总司

九曲黄河十八弯

令，直接指挥入晋的国民党中央军编成的第五、第六、第七3个纵队，企图封锁黄河，分别围歼红军于黄河以东地区。同时，强令在陕西的东北军与西北军向延长、延川进击，以造成红军后顾之忧。在此情势下，红一方面军首长决定并实施左右两路红军向中路红军靠拢，集中兵力，相机歼敌。4月4日，右路红一军团和第81师，由古城、汾城（今襄汾）等地北上，攻占吉县，进至大宁、蒲县、隰县地区，并逐一扫除了平渡关至清水关的晋军黄河沿岸堡垒；左路红十五军团，经白文镇、圪洞镇、金罗镇，于4月12日在师庄地区歼晋军第66师1个团另1个炮兵营，击溃其3个团，俘团长以下600余人，尔后转至大麦郊镇休整。红28军经金罗镇攻占三交镇后，经石楼到达康城与红一方面军总部会合。在围攻三交镇战斗中，军长刘志丹不幸牺牲。这时，山西境内各路晋军纷纷向红军围拢，同时，蒋介石又命令陕甘宁各省国民党军队，向红军陕甘宁根据地进攻。为避免与优势晋军决战，保存抗日力量，巩固发展陕甘宁根据地，争取抗日民族统一战线的实现，4月下旬，方面军首长决定回师河西，遂于5月2日下达了渡河命令。自5月2日晚开始到5日，各参战部队分别经清水关、铁罗关渡过黄河，全部返回陕北的延长、延川、永平地区。同日，中国共产党以中国红军革命军事委员会名义，发表了《停战议和一致抗日的通电》，敦促南京政府"停止内战，双方互派代表磋商抗日救亡的具体办法……实行停战议和，以达到停战抗日的目的"。至此，东征战役胜利结束。

巍巍吕梁山

✿ 传奇故事

沙发石

在永和县阁底乡于家咀通往黄河滩的山路上，有一块长方形的石头，长约1米，宽30厘米，石头的中间有两个半圆形石窝，一大一小，形似沙发，后来群众便给这块石头起名"沙发石"。传说，当年毛主席、彭德怀副总司令路过这儿时，曾坐在这块石头上听取了张云逸同志关于红军渡河情况的简要汇报。那时，石头表面是平的，后来，竟奇迹般地风化成现在的样子。据说，这两个石窝，大的是毛主席坐过的地方，小的是彭总坐过的地方。

沙发石

殉义柏

在毛主席1936年居住过的永和县阁底乡东征村（原上退干村）关帝庙内有一座魁星楼，楼顶上生长着一棵1米多高的小柏树。据当地群众讲，这株小柏树是在1936年红军回师后的秋天自己长出来的，虽然楼顶只有二三寸厚的土，可是，这棵小柏树却长得枝繁叶茂，历经多次大旱而不枯。奇怪的是，1976年9月9日，毛泽东在北京逝世，这棵小柏树当年冬天便莫名其妙地枯死了，而且方向指向北京。于是群众便将这株小柏树称作"殉义柏"。

殉义柏

当地美景

黄河乾坤湾 乾坤湾位于山西省永和县打石腰乡河会里村，黄河在流经此地时优美地拐了一个"S"形大弯，弯道弧度320度以上，堪称天下黄河第一湾。形成了河抱着山、山抱着河、河中有山、山中有河的壮丽奇观，是一幅天然太极图。"黄河九十九道弯，最美莫过乾坤湾"。2005年，成为第四批国家地质公园。

04.隰县晋西革命纪念馆

场馆概况

晋西革命纪念馆位于临汾市隰县县城西南1.8公里处的车家坡村龙凤山腰，纪念馆总建筑面积3420平方米，主体建筑面积3252平方米，陈展面积2780平方米；设有土地革命、抗日战争、解放战争3个展厅，包括党的早期活动，即创建革命武装、红军东征、晋西会议、午城战役、根据地建设、"晋西事变"、东川战役、全区解放、踊跃支前、伟大胜利等单元内容。2009年12月被山西省委、省政府公布为山西省爱国主义教育基地。

晋西革命纪念馆新馆效果图

红色链接

晋西革命根据地，是中国共产党及其领导的人民军队，依靠广大民众的支持创立的，它是晋绥革命根据地的一部分，也是山西革命老区的一个组成部分，它形成于抗日战争爆发后的烽火岁月。晋西，泛指山西沿黄（河）一线南北狭长地区，是以

晋西革命纪念馆主馆

隰县为中心辐射周边县市的地域，含隰县、交口、汾西、石楼、永和、大宁、蒲县、吉县、乡宁9个完整县。面积约1.3万平方公里，人口约32万（按1939年前统计），如果加上有历史关联的中阳、孝义、洪洞、临汾等县市的边缘地带，面积可拓展一半以上，人口则翻一番。

晋西革命根据地，是红军东征和八路军挺进山西对日抗战的立足地和拓展地，是保卫延安、保卫党中央的坚强屏障，是支援解放全国的战略后方，是党中央联结华北、华中各解放区的交通要冲和枢纽，战略地位十分重要。毛泽东、周恩来、朱德、彭德怀、贺龙、叶剑英、林枫、陈赓、王震等老一辈无产阶级革命家曾在这里留下光辉足

隰县午城战斗胜利后，林枫（中排左一）、杨尚昆（中排左二）、罗荣桓（左三）、115师代师长陈光（后排中）等人合影。

迹，红色种子在这里开花结果。晋西是日本侵略军实行惨绝人寰的"三光"政策的践踏之地，也是山西军阀阎锡山政权白色恐怖笼罩、"兵农合一"暴政成灾的蹂躏之区。晋西广大人民群众在中国共产党领导下，坚持抗战，反对妥协；坚持团结，反对分裂；坚持进步，反对倒退；坚持统一战线，坚持地下斗争，坚持武装斗争，为抗击日本侵略者，为推翻"三座大山"，实现晋西和全国解放做出了巨大的牺牲和奉献。

当地美景

小西天　原名千佛庵，位于隰县城西1里许的凤凰山巅。建于明崇祯七年（1634年），距今已有370多年。当步出县城北门放眼西望，"有山翼然，面绕城堞，背拥岗峦，大河平涵，旁溪潆带，山形奇绮，俱含飞动之情，脉络纵横，实挟回翔之势"。这里三面环山，河流潆洄，树木森森，凤凰山峭崖突兀，小西天雄踞山顶，直指云空，恰似琼楼玉宇半空悬浮，飘飘然有"小西天"之意境，是一方充满神灵之气的宝地。

05.洪洞马牧八路军总部旧址

场馆概况

马牧八路军总部旧址位于洪洞县辛村乡马二村中心，原是一徐姓财主的宅院，非常宽阔，有着晋商的风范，现为马二村村民委员会驻地。1937年，八路军总部在朱德总司令带领下，曾在此驻扎约51天，对当地的革命发展影响很大。

➡ 背景链接

太原失陷后，国民党军队退出山西和华北大部分地区，华北的抗战形势发生了重大转变。1937年11月，毛泽东就八路军的兵力部署强调指出：在华北，以国民党为主体的正规战争业已结束，以共产党为主体的游击战争转入

马牧八路军总部旧址

主要地位，八路军应在统一战线基本原则下，放手发动群众，废除苛捐杂税，减租减息，收编溃军，购买枪支，筹集军饷，实行自给，扩大部队，打击汉奸，招纳左翼，进一步发扬独立自主精神。

为加强与第二战区联络和沟通，坚持山西抗战，八路军总部继续南移，向第二战区和中共中央北方局所在地靠拢，于1937年11月21日抵达洪洞县，先后在苏堡、万安镇韩家庄、高公村等地驻扎，12月30日，移驻赵城县（今洪洞县）马牧村。

此时，日军正在华北各地组织兵力，对活动于晋察冀边区、晋西北、晋东南等严重威胁其后方和交通线安全的八路军进行大规模围攻，朱德、彭德怀在此指挥各部展开反围攻。在晋察冀，指挥聂荣臻部粉碎了2万余日军的"八路围攻"，歼敌2000余人，使边区所辖县发展到30余个，并于1938年1月成立晋察冀边区政府，宣告了华北第一块抗日根据地的建成；在晋西北，指挥120师展开于管涔山脉，组织部队南下吕梁山区及晋中平原西部，开辟了晋西北抗日根据地，120师也从出征东渡时的8200余人扩大到2.5万余人；在晋东南，指挥129师粉碎了日军5000余人的

"六路围攻",为开创晋冀豫抗日根据地创造了条件。

1938年2月,山西的局势非常严重,日军从北、东两路向晋南大举进攻,第二战区长官部离开临汾向西部的吉县撤退。我八路军毅然选择了东进太行山区进行游击战争。于1938年2月20日,由朱德、彭德怀各率一部,分途向太行山挺进。

1937年12月,(左起)左权、彭德怀、朱德、彭雪枫、萧克、邓小平在马牧村八路军总部。

朱德在马牧村八路军总部会见美国记者露丝等人。前排左起:康克清、露丝、丁玲。后排左一为左权、左三为朱德、左五为彭德怀。

当地美景

洪洞大槐树景区 位于县城北部,是闻名全国的明代迁民遗址,从明太祖朱元璋洪武三年(1370年)到明成祖朱棣永乐十五年(1417年)将近50年的时间里,明政府在山西共组织了18次大的官方移民,遍布整个中原地区。"问我祖先在何处,山西洪洞大槐树。祖先故居叫什么?大槐树下老鹳窝。"数百年来这首民谣在大江南北、长城内外祖辈相传。

06.翼城县烈士陵园

场馆概况

翼城县烈士陵园于位于县城南环路南侧，占地面积23 150平方米，主体建筑有石牌楼、纪念碑、碑亭、烈士纪念馆等。烈士纪念碑高36米，用1301块浅灰色花岗岩嵌贴，正面嵌有"人民英雄永垂不朽"八个苍劲有力的大字，背面  是胡锦涛总书记为纪念抗日战争胜利60周年的题词，侧面是毛泽东同志在《论联合政府》一文中对革命先烈的赞语。五座烈士碑亭坐落在绿树鲜花的簇拥中，碑亭内安放着25块大理石石碑，碑上镌刻着翼城县1301位革命烈士的英名。现为山西省爱国主义教育示范基地。

07.闻喜县陈家庄中共太岳三地委机关旧址

场馆概况

陈家庄村位于闻喜县城西20余公里处，是晋南"三臣"之一崔斗臣的故乡。在民主革命时期，崔斗臣传播新思想、新文化，在河东大地颇有影响。

1943年7月至1948年1月，中共稷麓三区区委会、区政府，中共稷麓抗日民主县委、县政府，中共太岳三地委、三专署、三分区司令部等党政军机关驻扎在这里,嘉康杰、柴泽民、金长庚、王墉等一大批党政军领导干部都曾在这里居住并开展对敌斗争。时至今日,该村还保留着32处革命旧址。1947年运城解放后,党政军机关单位才逐步迁入运城,陈家庄胜利地完成了它的光荣使命。

➡ 背景链接

1945年7月,太岳五地委从中条山奇峰村迁到陈家庄村。1945年12月,中共太岳区党委根据中共晋冀鲁豫中央局会议精神,对太岳行政区划进行了调整,将太岳五地委改为中共太岳三地委。工作机构有组织部、宣传部、城工部。1947年7月又设了社会部和民运部,地委书记是柴泽民。太岳三地委所属有安邑、解县、临晋、猗氏、万泉、荣河、稷河、绛南、闻喜、夏县、平陆、芮城、永乐、永虞等14个中共县委和中共运城市委。地委机关较固定地驻扎在陈家庄村,直到1948年春撤离。在此期间,中共太岳三地委带领全体军民支援部队作战,发展农业生产,开展土地改革,反奸清算,减租减息,整顿了各级党组织,同时发展了党员。使河东地区

中共太岳三地委旧址

太岳第三专署旧址

率先得到了解放,成为支援解放西南、西北的可靠后方,为解放战争的胜利做出了重大贡献。

🚩 红色人物

柴泽民

柴泽民（1916—2010），1916年11月13日出生于闻喜城内东社村，1933年加入中国共产党。1937年起，历任中共闻喜县委组织部长、平陆县委组织部长、夏县中心县委书记。1942年5月任中共条西地委书记。1942年末，条西地委成立中条山抗日联军，柴泽民任司令员。1943年任中共太岳五地委书记兼五分区政委。1945年任太岳三地委书记兼三分区政委。1948年10月，任北京军管会南区分会主任。

1949年初，任北京郊区工作委员会书记。1960年调外交部工作，历任中国驻匈牙利、几内亚、埃及等国大使。1974年10月，任中国人民对外友协会长。1976年任中国驻泰国大使。1978年8月，担任中国驻华盛顿联络处主任。1979年3月，被任命为新中国驻美特命全权大使。1983年任中国人民外交学会副会长。是全国政协第五届、第六届、第七届委员会委员及外事委员会副主任。2010年6月7日，因病逝世，享年93岁。

08.夏县中共河东特委革命活动旧址

场馆概况

中共河东特委革命活动旧址位于夏县西北城西25公里的水头镇上牛村洞沟，是一处始建于元代的古代建筑，两侧沟壑深近百米。蛇虎、石健二涧环绕，涧水东流入涑水河。因雨后岗上积

云缭绕，雾霭长存，洞门云封，故称"堆云洞"。

1922年，立志教育救国的嘉康杰于此创办了平民中学，使这里成为新思想、新文化的讲坛，从这里走出去的数千名学生，后来多为中国革命的中流砥柱。1928年6月，中共河东特委在此成立，革命烈火从这里燃遍晋南大地，以堆云洞为中心，领导晋南人民展开了轰轰烈烈的革命斗争，演绎了可歌可泣的革命斗争传奇故事。至今，这里仍然保留有嘉康杰印刷传单的秘密洞穴和他亲手栽植的合欢树。堆云洞堪称河东革命之圣地。

嘉康杰生平事迹展览馆

红色人物

嘉康杰（1890—1939），山西夏县人。早年参加辛亥革命、反袁斗争和五四爱国运动。曾两次到日本留学。1920年，作为留日学生代表回到北京，参加了山西的保矿运动。1921年回家乡后致力于发展平民教育。1927年加入中国共产党，先后任中共河东中心县委书记、河东特委组织部长等职。1936年红军东渡到山西，他响应红军的行动，在夏县策动了中条农民武装暴动，建立红军游击队，担任总指挥，并多次完成了党组织安排的扩兵任务。1938年受组织派遣在河东从事敌后游击战争，先后任中共晋豫特委委员、军事部长等职。1939年9月，在中共晋冀豫区党委第一次代表会议上，当选中共晋冀豫区党委委员，并被选为出席中共七大的候补代表，担任了中条地委委员、民运部长。1939年11月18日遭到国民党特务暗杀，时年49岁。

嘉康杰

🔥 红色传承

1952年5月1日，为纪念嘉康杰同志，山西省人民政府将"山西省运城中学"命名为"山西省康杰中学"。

康杰中学大门

🌳 周边美景

堆云洞 是一全真教道教建筑群，其建筑集江南园林的灵巧与北方建筑的大气为一体，大小120间庙宇殿阁依岗而建，12座院落层叠相筑，洞穴穿越其间，螺旋盘桓，曲径迷离。可谓房上有房，院中寻院，洞里藏洞，素有"小布达拉宫"之称。

地窨院 是山西民居中独具黄土高原风格的一种穴居类型。其长约40米，宽约30米，深约10多米。由地窨院组成的村落，人在百米之外往往不易发现，只有当你临近院子边缘时，才能看清其真面貌，所以有首民谣描绘它："上山不见山，入村不见村，平地起炊烟，忽闻鸡犬声。"在山西南部地处中条山南面的平陆、芮城两县，到处是这种地窨院。

09.运城烈士陵园

场馆概况

运城烈士陵园位于运城市区红旗西街。1957年由原安邑县杨包滩烈士陵园迁建于此，是全省八大烈士陵园之一。1997年进行了改陈扩建，总占地面积35万平方米。园内主要烈士纪念建筑物有：运城解放纪念碑、英灵堂和运城攻坚战群雕。1987年被山西省人民政府确定为山西省重点烈士纪念建筑物保护单位，现为山西省爱国主义教育基地。

红色故事

三 打 运 城

运城是山西的南大门，晋南三角地带的政治、经济、文化中心，又是南通陇海、西连关中、北控同蒲的军事重地。阎锡山十五专署专员谢克俭网罗3署16县流亡政府武装和地主恶霸，在运城筑工事、修地碉，组成环城火力网，妄图以此控制晋南，以城复省，且与临汾之敌和胡宗南部队相呼应，把运城当成他们反共的"桥头堡"。

1947年3月，军委和毛泽东指示我军向晋南三角地带进攻，并"乘胜相机夺取运城"，以打击胡宗南侧后，配合我军陕北作战。4月5日至5月6日，当时的陈、谢兵团等晋冀鲁豫部队先后攻占晋南22座县城和黄河渡

1947年运动战役期间，在前线的晋冀鲁豫军区领导徐向前、周士第、王世英、滕代远。

口禹门口、风陵渡等军事要地，并对运城发起攻坚战，经过十天激战，我军先后攻取西、北两关，夺取羊驮寺、飞机场，切断了敌人的空中补给线，击毁敌机3架，后因我军要执行新的作战任务，遂主动撤离，南渡黄河，挺进豫西。这次攻坚战史称"一打运城"。

1947年10月8日，徐向前指挥晋冀鲁豫军区部队第二次发起攻打运城的战斗。我军相继摧毁了马家窑、天神庙等外围碉堡，因胡宗南派出大量援兵，我军不得不撤围打援，战役被迫中断。12月上旬，我军奉命组成攻运前线指挥部，统一指挥西北二纵、太岳八纵、晋绥独三旅、太岳三分区基干团等部队，于16日对运城发起第三次进攻，天正下雪，寒气逼人。部队冒雪破堡，横扫敌外围据点。城内外的守敌有胡宗南、阎锡山部及土顽一部，共1.3万人，他们重新修复了上次被我军摧毁的明碉暗堡，凭借优势火力，构成东、西、南、北四大护城阵地，顽强抵抗。而我军由于缺乏火炮，只能靠炸药包破堡前进。经一周外围争夺战，敌四大防御阵地均被我军摧毁，残敌逃入城中固守。这时，胡宗南部4个旅集结在黄河南岸陕州至潼关一线，企图渡河增援。我军如不迅速攻克运城，全歼守敌，势必功亏一篑。24日，徐向前便命令"前指"提前发起总攻，但激战两天两夜，仍未攻克，特别是25日的早、晚两次总攻登城，均未奏效，指战员们情绪波动很大，就在这个关键时候，徐向前向"前指"下达了"坚持最后五分钟"的命令："……须牢记一条：当你是最严重、最困难的时候，也是敌人最严重、最困难的时候，常常是你因困难而决心发生动摇的时候，恰恰正是敌人对胜利已感到绝望的时候。这种时机是最紧要的关头，这种时机决定于何方能坚持。何方能熬过这最后的五分钟,何方就能取得胜利。因此,我们要坚持最后五分钟。"

"坚持最后五分钟",很快统一了前线指战员的思想,鼓舞了他们的斗志和信心。经集思广益,决定在一天内由第23旅在北门城墙根下完成坑道作业,采用坑道爆破办法,辟开进城之路。27日黄昏,随着一声巨响,老北门西侧的城墙被炸开,69团团长张国斌立即率领突击队冲入城内。敌人猛醒之后,忙用猛烈的炮火封锁住了突破口。先入城的突击队被敌人反包围于突破口内。在情况十分危急的时刻,第八纵队司令员王新亭和政委张祖谅亲自跑到23旅指挥部,命令黄定基旅长要不惜一切代价,再次打开突破口。团政治部主任丁毅民,端着冲锋枪,率领第二梯队冲向突破口,入城的突击队又杀了个回马枪,终于再一次撕开了突破口,这才使八纵大部队攻入城内;王震命359旅也从西南突破,共同与敌展开激烈巷战,全歼守敌1.3万余人,俘歼阎锡山3个专署和16个流亡县政府。12月28日拂晓,运城解放。

运城战役中,晋冀鲁豫野战军向敌阵地运动。

运城战役的胜利不仅切断了阎锡山南逃的去路,而且解除了陈、谢兵团出击豫西的后顾之忧;不仅动摇了国民党军队固守城镇的信念,而且创造了我军攻坚战的宝贵经验。

运城战役后,民工们向城外搬运战利品。

🌳 周边美景

解州关帝庙 位于距运城20公里处的解州镇，是一处保存完整、规模宏大的古建群。南临巍峨秀丽之中条山，北依万顷碧波之银湖，庙宇楼阁与湖光山色交相辉映。庙内悬挂有康熙御笔亲书"义炳乾坤"、乾隆钦定"神勇"、咸丰御笔亲书"万世人极"、慈禧太后题"威灵震叠"匾额，堪称珍宝。庙中的精华建筑"春秋楼"二楼悬梁吊柱结构，更是我国古建筑中的珍品。

鹳雀楼 又名鹳鹊楼，因时有鹳雀栖其上而得名。位于永济市蒲州古城西郊的黄河岸畔，共六层，前对中条山，下临黄河，它与武昌黄鹤楼、洞庭湖畔岳阳楼、南昌滕王阁齐名，被誉为我国古代四大名楼。由于楼体壮观，结构奇巧，风景秀丽，唐人留诗者甚多。千余年间，此楼一直是供游人登高极目山河、放歌抒怀的胜

地，成为中华民族优秀传统文化的象征，激励着炎黄子孙的振兴之志。

普救寺 位于永济市蒲州镇的土岗上，始建于唐武则天时期，原名永清院，是一座佛教十方院。寺址高耸，松柏满垣，西临黄河湾，水势汹涌澎湃；东近中条山，犹如屏障峙立，视线广阔。寺内有座方形砖塔，原名舍利塔，俗称莺莺塔。元代王实甫《崔莺莺待月西厢记》中说的"红娘月下牵红线，张生巧会崔莺莺"的爱情故事就发生在普救寺。

附 录

八路军三大主力师简介

115师：1937年8月25日，由红一军团、红十五军团及陕南红74师合编而成，师长林彪，副师长聂荣臻，政训处主任罗荣桓，副主任肖华，参谋长周昆。下辖343旅、344旅及师直独立团、骑兵营、炮兵营、工兵营、辎重营、教导队，全师共1.5万人。改编前即以一部开赴山西抗日前线，炮兵、工兵、辎重营留守陕甘宁边区。9月25日，首战平型关，歼敌千余人。10月，聂荣臻改任师政治委员，罗荣桓任政治部主任。同月，聂荣臻率独立团等部3000余人留守五台地区，开辟晋察冀抗日根据地，师部率343旅南下开辟吕梁抗日根据地。1938年3月，林彪受伤，陈光代理师长。1939年，115师师部进入山东地区。1943年，115师与八路军山东军区合并，组成新的山东军区，罗荣桓任司令员兼政治委员，黎玉任副政治委员，肖华任政治部主任。八年全国抗战中，该师共与日作战3800次，歼灭日伪军18.2万余人。抗战胜利后，一部分部队调东北，另一部分编入新组建的新四军兼山东军区。

120师：1937年8月25日，由红二方面军和陕北红27军、红28军，独立第1师、第2师，总部特务团，赤水警卫营等合编而成，师长贺龙，副师长萧克，政训处主任关向应，副主任甘泗淇，参谋长周士第。下辖358旅、359旅及教导团、骑兵营、炮兵营、工兵营、辎重营、通信营、特务营，全师共1.4万人。9月3日，开赴山西抗日前线，718团和师直4个营留守陕甘宁。9月，120师进入晋西北地区，创建抗日根据地。1938年，李井泉率大青山支队开辟绥西、绥南和绥中，创建大青山抗日根据地。1941年11月，兼晋西北军区。1942年6月，正式编入陕甘宁晋绥联防军。9月，晋西北军区改称晋绥军区。八年全国抗战中，该师与陕甘宁晋绥军民共与日伪军作战2万余次，消灭日伪军12万余人，部队发展到8.5万人。抗日战争后期一部分编入晋绥野战军。

129师：1937年8月25日，由红四方面军第4军、第31军和西北红军红29军、红30军，独立1团至4团合编而成，师长刘伯承，副师长徐向前，政训处主任张浩，副主任宋任穷，参谋长倪志亮。下辖385旅、386旅及教导团、骑兵营、炮兵营、工兵营、辎重营、特务营，全师共1.3万人。9月30日，开始奔赴山西抗日前线，385旅旅部及770团留守陕甘宁。10月，张浩任政治委员。年底，全师越过正太路创建晋冀豫抗日根据地。1938年1月，张浩调至延安，师政治委员由邓小平接任。1月和3月，陈再道、宋任穷等率部开辟冀南。该师先后开创了太行、太岳、冀南等抗日根据地，八年抗战中，歼灭日伪军42万余人，部队发展到30万人。1945年8月20日，该师与冀鲁豫军区扩大为晋冀鲁豫军区。

八路军在山西创建的抗日根据地简介

晋察冀抗日根据地：亦称晋察冀边区。抗日战争时期，是中国共产党领导下的敌后抗日根据地之一。1937年9月平型关大捷后，八路军115师主力继续南下，115师政委聂荣臻留守五台一带，率独立团、骑兵营及八路军总部特务团一部与地方工作团共3000余人，在山西、河北、察哈尔三省边界地区，开展抗日游击战争，相继收复蔚县、涞源、曲阳等20余座城镇，部队发展到1万余人。11月7日，成立了晋察冀军区，聂荣臻任司令员兼政治委员。下辖4个军分区。并相继收复了晋北、冀西部分地区，根据地得到巩固和扩大。1938年1月，晋察冀边区成立行政委员会。3月，一部分部队挺进平西，开辟根据地。5月，成立八路军第三纵队兼冀中军区，下辖4个军分区；在平西成立八路军第四纵队。6月，第四纵队挺进冀东，策应了冀东20万人举行抗日武装暴动。1939年1月，成立了中共中央晋察冀分局，彭真任书记，辖中共晋察冀、冀中、冀热辽3个区委员会。在此前后，晋察冀根据地军民在八路军120师等部队的配合下，多次粉碎了日军的围攻、"扫荡"，根据地发展至同蒲路以东，正太、石德路以北，津浦路以西，张家口、宁城、锦州以南，包括冀中、冀晋、冀察、冀热辽区，面积约80万平方公里，人口约2550万。1944年9月，中共冀晋、冀察、冀中、冀热辽区党委成立，同时成立二级军区和行政公署。9月，中共中央晋察冀分局改为中共中央晋察冀局，聂荣臻任书记。11月，成立了察哈尔、热河两个省人民政府。晋察冀抗日根据地军民在八年全国抗战中，同日伪军作战6.5万余次，歼灭伪军33万余人，军区部队也发展到32万人。

晋绥抗日根据地：亦称晋绥边区。抗日战争时期，中国共产党领导下的敌后抗日根据地之一。包括山西西北部及绥远东南广大地区，南起平绥路，东至同蒲路，西至黄河，南迄汾（阳）离（石）公路，北达绥远之包头、百灵庙、武川、陶林一线。1937年9月，贺龙、关向应等率领八路军120师挺进晋西北，配合国民党正面战场防御作战，开辟抗日根据地。同时，派出大批干部深入敌占区，组织抗日武装，并协同山西牺盟会、战动总会以及山西抗敌决死队等，开展抗日武装斗争。至年底，开辟了以管涔山为中心的包括10余县范围的晋西北抗日根据地。太原失守后，120师向同蒲路北段出击，破坏日军的交通线。1938年2月，日军乘机向晋西北发起进攻。120师与敌激战20余日，收复7座县城，巩固了晋西北抗日根据地。9月，120师358旅政治委员李井泉率715团等部约2000人，挺进绥远北部，团结蒙古族人民，同杨植霖领导的抗日游击队会师，在绥中、绥西、绥南及察哈尔等地区开展游击战争，于年底开辟了大青山抗日根据地。至此，晋绥抗日根据地初步形成。1939年，贺龙、关向应率120师主力挺进冀中，山西抗敌决死队等在120师留守部队的配合下，多次粉碎日本侵略者的进攻，打退了阎锡山顽固派军队的围攻，与阎锡山达成划汾阳至离石公路以北由八路军等抗日武装管辖的协议。1940年1月，成立晋西北行政公署，由国民党元老、著名爱国将领续范亭任主任。8月，晋绥抗日根据地军民参加了著名的百团大战，粉碎了日军的反复"扫荡"，根据地面积扩大到50余县，人口约150万。1942年9月，成立了中共中央晋绥分局，关向应任书记（林枫代理）；同时成立了晋绥军区，贺龙任司令员，续范亭任副司令员。1944年开始，晋绥抗日根据地军民向日军发动攻势作战，迫使日军向公路沿线县城据点退缩。1945年，晋绥军民发起春季、夏季攻势，将日本侵略军继续压缩到同蒲路沿线和太原至汾阳公路沿线各据点，打退了国民党军队对大青山根据地的进攻，为全面反攻创造了条件。8月，根据地军民展开全面反攻，晋绥抗日根据地军民在八年全国抗战中，同日伪军作战2.8万余次，歼敌13.8万人，八路军发展到8.5万余人，根据地面积达到33.1万平方公里，人口达322万，为抗日战争的最后胜利做出了重要贡献。

晋冀鲁豫抗日根据地：抗日战争时期，中国共产党领导的敌后抗日根据地之一。位于同蒲路以东，津浦路以西，陇海路以北，正太、石德路以南的广大地区，包括太行、太岳、冀南、冀鲁豫等地区。1937年冬起，八路军129师挺进晋东南，执行中共中央关于创建晋冀豫抗日根据地的指示，除主力部队保持机动外，组成若干游击部队和工作团，分赴晋东南和平汉路以西的晋冀、晋豫边以及冀西地区，开展游击战争。又先后派出先遣支队、东进纵队和骑兵团深入冀南地区，协助中共冀南特委领导的抗日武装，创建冀南抗日根据地。1938年4月，晋东南军民粉碎了日军"九路围攻"，收复了辽县（今左权县）、襄垣、沁县、屯留、长治等19座县城，奠定了晋冀豫、冀南抗日根据地的基础。同时，扩大了部队，成立了晋冀豫军区和冀南军区。5月，129师、115师各以主力一部进入冀南和平汉路以西的冀豫边地区，开辟了漳河以南、道口至清化铁路以北的豫北地区。1939年春，115师主力一部进入山东。1940年4月，八路军第二纵队挺进冀鲁豫边区,成立了冀鲁豫军区和行政主任公署,冀鲁豫抗日根据地基本形成。同年8月,成立了太行、太岳、冀南行政联合办事处。1941年开始,抗日根据地军民进入极端困难的时期。是年7月,晋冀鲁豫边区临时参议会召开,制定了边区政府施政纲领及各种基本法令,正式选举组成晋冀鲁豫边区政府,杨秀峰任边区政府主席,薄一波、戎子和任副主席,从而建立了统一的抗日民族政权。实行减租减息,开展大生产运动和经济文化建设,根据地军民积极开展游击战争,恢复和扩大了抗日根据地。1944年5月,冀鲁豫和冀南两区合并,成立中共中央平原分局;同时成立新的冀鲁豫军区。1945年8月,成立了中共中央晋冀鲁豫局和晋冀鲁豫军区。同时,抗日根据地军民展开战略大反攻,一举收复县城59座,解放了全区的绝大部分城镇。八年全国抗战中,晋冀鲁豫抗日根据地军民作战3万余次,毙伤日伪军19万多人,八路军等抗日武装发展到29万余人。全区拥有县城80座,面积18万平方公里,人口2400万。

图书在版编目（CIP）数据

红色三晋：山西省爱国主义教育基地巡礼／胡苏平主编．
—太原：山西人民出版社，2015.12
ISBN 978-7-203-09339-8

Ⅰ.①红… Ⅱ.①胡… Ⅲ.①革命纪念地—介绍—山西省 Ⅳ.①K878.23

中国版本图书馆CIP数据核字（2015）第258338号

红色三晋：山西省爱国主义教育基地巡礼

主　　编：	胡苏平
责任编辑：	张小芳
装帧设计：	刘彦杰
出 版 者：	山西出版传媒集团·山西人民出版社
地　　址：	太原市建设南路21号
邮　　编：	030012
发行营销：	0351-4922220　4955996　4956039　4922127（传真）
天猫官网：	http://sxrmcbs.tmall.com　电话：0351-4922159
E－mail：	sxskcb@163.com　发行部
	sxskcb@126.com　总编室
网　　址：	www.sxskcb.com
经 销 者：	山西出版传媒集团·山西人民出版社
承 印 厂：	山西臣功印刷包装有限公司
开　　本：	787mm×1092mm　1/16
印　　张：	17.25
字　　数：	120千字
印　　数：	1-2000册
版　　次：	2015年12月　第1版
印　　次：	2015年12月　第1次印刷
书　　号：	ISBN 978-7-203-09339-8
定　　价：	88.00元

如有印装质量问题请与本社联系调换